'생의 북쪽'을 걷고 있는 당신에게

아거

ⓒ 아거 2025

이 책은 저작권법에 의해 보호받는 저작물이므로 무단전재와 복제를 금합니다. 이 책 내용의 전부 또는 일부를 이용하려면 저작권자와 공출판사의 동의를 얻어야 합니다.

어떤, 문장

프롤로그

문장을 탐하다

　훈우라는 친구가 있었습니다. '따뜻한 비'라는 뜻의 이름입니다. 필명이었습니다. 지금은 제 인생에서 사라진 그러나 아마 영원히 기억될 그런 친구입니다.

　선망과 질투의 대상이었습니다. 제가 간절히 원하던 걸 이미 가지고 있었음에도, 그는 자기가 가진 걸 겉으로는 대수롭지 않게 여겼습니다. 저는 갖고 싶어 죽겠는데 말이죠. 질투했습니다. 남과 비교를 하며 저 스스로를 우월한 존재로 규정짓는 기묘한 '정신승리'도 그 친구한테는 통하지 않았습니다.

　그 친구가 가진 건 문장이었습니다. 예, 맞습니다. 글로 이루어진 문장입니다. 그가 쓴 문장과 그가 책에서 길어 올린 문장을 선망했습니다. 그걸 갖고 싶었기에 질투했습니다. 실제로 그가 그걸 대수롭지 않게 여겼는지는 잘 모르겠습니다만, 그 당시에는 그렇게 느꼈습니다. 그래서 제 질투는 더 깊어졌습니다.

그 친구와 연락이 끊긴 지 10년이 훌쩍 지났습니다. 친구가 마지막으로 보낸 메일을 읽고 또 읽으며 친구의 문장을 곱씹곤 합니다. 다만 이젠 질투가 아닌, 다른 감정을 느낍니다. 저는 친구가 남긴 문장을 통해 그가 살아낸 세월과, 앞으로 살아갈 시간을 짐작합니다. 다시 읽어본 그의 문장에는 아픈 삶의 흔적이 고스란히 담겨 있었습니다.

가끔 그의 글을 곱씹습니다. 그가 썼던 책, 그가 보낸 메일로 그를 추억합니다. 그의 문장은 그와 다름없습니다. 미문(美文)이고 현학적이긴 하지만 그의 문장은 결코 허투루 쓰이지 않았다는 걸 이제야 느낍니다. 자신이 가진 능력을 그가 대수롭지 않게 여겼다는 제 생각은 이쯤에서 무너집니다. 그는 문장을 탐했고 문장 하나하나에 정성을 기울였습니다. 두꺼운 안경을 쓰고 모니터를 바라보며 무언가를 써 내려가던 그의 모습이 다시금 생각납니다. 훈우는 사라졌지만 가끔씩 떠오르는 과거의 기억과 그가 남긴 선명한 문장이 제게 남았습니다. 다행입니다. 그의 문장이라도 남아 있으니 말입니다.

그래서일까요? 저는 책을 읽을 때 가끔 문장에 꽂힙니다. 그 문장 안에 왠지 작가의 삶, 작가가 말하고자 하는 글의 고갱이가 숨어 있는 듯 느껴져서입니다. 그렇습니다. 저는 문장에서 자유롭지 못합니다.

문장을 탐합니다. 시나 소설, 인문서, 사회과학서에 담긴 문장뿐만 아니라 영화나 드라마, 노래 가사 등에 담겨 있는 문장도 허투루 보이지 않습니다. 한 줄 한 줄이 모두 창작자의 삶의 흔적을 보여주는 것 같아 저도 모르게 문장을 보며 그의 삶을 유추하곤 합니다.

이렇게 말하니 문장 편집증 같은 느낌이 듭니다. 그럴지도 모르겠지만 저도 모르게 굳이 찾지 않아도 한두 줄의 문장이 머릿속으로 파고들어 삶의 다양한 국면에서 불현듯 떠오릅니다. 책을 보다가 문장 하나에 꽂혀 책장을 접어놓곤 합니다. 그 문장으로 깨닫고 위로받고 동요하고 사색하고 삶을 곱씹고 분노하고 짠한 현재의 삶에 온기를 더하고 너무 뜨거워진 마음을 냉기로 달래고……. 그렇게 살고 있습니다.

어느 날 문득 이 문장이 하루에도 몇 번씩 떠오르기 시작했습니다. 우둘투둘 접힌 책장의 책들이 눈에 들어오기 시작했습니다. 이 문장에 왜 뇌리에 꽂혔는지, 왜 한숨이 새어나오고 가슴이 서늘해지며 눈물이 맺히고 허공을 응시하게 되는지, 왜 아무 일도 손에 잡히지 않고 생각이 꼬리를 물듯 이어지고 있는지 정리하고 싶어졌습니다. 무엇보다 집에 있는 책이 접혀진 책장을 얼른 펴달라고, 책장 속에 담긴 문장을 어서 가져가고 구겨진 책장을 좀 펴달라고, 아우성을 치는 듯 느껴졌습니다.

이 글은 문득 떠오르는 문장들, 접힌 책장 속에서 재발견되기를 기다리는 제가 탐했던 문장에 대한 사유의 기록입니다. 기형도의 시 제목 "질투는 나의 힘"처럼 질투가 문장을 탐하는 힘으로 작용한 결과물입니다.

"내 희망의 내용은 질투뿐이었구나."

기형도, 〈질투는 나의 힘〉

질투가 힘이 된 건 희망의 내용이 질투밖에 없어서일 겁니다. 무턱대고 질투만 한 게 아니라 질투의 이유를 찾고 싶은 마음이 커서 어쩌면 그것이 희망이 된 건지도 모르겠습니다. 그래서 오늘도 이렇게 문장을 탐하는 걸 테지요.

제가 탐한 문장은 다양합니다. 소설이나 영화, 드라마 속 등장인물의 대사 한 줄이 제 삶에 들어오기도 했고, 일상에서 주고받는 말이, 책이라는 매개체로 스토리의 맥락과 함께 읽을 때 일상어는 특별한 언어로 자리매김하곤 합니다. 저는 이러한 문장을 통해 창작자의 삶을 어림짐작하고 제 삶을 돌아봅니다. 또 문장을 제 마음대로 읽어내고 지난 삶의 과정에서 느꼈던 온갖 감정과 사회에서 벌어지는 현상에 대입하며 사유의 폭을 넓히고 있습니다.

한두 줄의 문장이 삶의 고갱이가 되기도 하는 걸 경험합니다. 시시때때로 떠오르는 문장에는 분명 제가 지향하고 싶은 삶과, 현재의 삶에 대한 성찰, 그리고 사회에 대한 사유가 담겨 있습니다. 문장을 제 나름대로 해석하는 건 창작자의 뜻과는 다른 오독(誤讀)일 수도 있지만 창작물의 숙명이라고 제 마음대로 생각해버립니다.

'어떤, 문장'이라 이름 붙인 이 책은 제 삶에 '훅' 들어온 문장에 대한 추적기입니다. 문제 풀이처럼 '이 문장이 뜻하는 바는 이것이다'라는 식의 정답은 없습니다. 다만 그 문장이 왜 뇌리에서 지워지지 않는지, 왜 가슴을 울렸는지, 왜 이런 글을 쓰고 있는지를 추적해 나가며 문장으로 사유하고자 합니다.

이제 삶, 사랑, 별리, 상실, 질투, 상념, 허무, 황망, 분노, 불안, 신산으로 채워진 달콤 씁쓸한 기억들을 문장과 함께 소환합니다. 제 안에 새겨져 있었으나 미처 눈치채지 못했던, 추웠던 삶의 흔적을 살펴봅니다. 이면우 시인이 얘기했던 "생의 북쪽"을 걸어가고 있는 이들과 문장에서 건져 올린 삶의 편린을 더듬으며 다시 길을 나서려 합니다.*

문장을 탐해온
그 길에

---

* 이면우, <생의 북쪽>, 『아무도 울지 않는 밤은 없다』 (창비, 2016), 52쪽.

동행해 주시겠습니까?

차례

프롤로그 4

1장 맺음

어쩌면 사랑은…머묾	15
이지러진 관계, 그 지랄맞음에 대하여	21
스며들다, 그래서 거두지 못한다	29
사랑, 그리움의 반복 재생	35
사람은 그냥 다 사람	41
사랑한 기억만으로 살 수 있을까	47
외로움이 외로움을 품는다	53
그거, 농담 아니거든!	59
이별, 그 두려움에 대하여	65
'척'하며 살기의 외로움	71
제발, 날 들여보내줘	79
가끔 외로움이 나을 때가 있다	85

2장 매듭

양날의 검, 그러나 쥘 수밖에 없는…	95
아파야 가벼워진다	101
삶에 내려앉은 '고요'	109

때로 침묵하고 싶다	115
이별의 순간, 인간의 시간	121
당신과 함께 기다리리라	127
숨은 '말 줄임표' 찾기	135
여전히 가난은 죄인가	141
유폐된 사랑	147
응시와 기억의 글쓰기	153
헤어진 사람아, 부디…	161
나 역시 모른다	169

3장 마디

여전히 네 자장(磁場) 안	179
이 밤, 모두가 사사롭길…	187
생의 마지막에 부를 '이름'	195
흐르는가, 흘러가는가	203
낡은 사진 속 낯선 나	209
아무도 오지 않는 밤	217
다른 길, 다른 삶의 꿈	223
삶을 아껴가며 살고 싶을 뿐, 그뿐	229

에필로그	236
참고문헌	242

1장 맺음

맺음은 '결실'이자 '상실'입니다.

누군가와 관계를 맺고 살아가는 것이 인간입니다. 수가 많든 적든, 관계의 깊이가 깊든 얕든, 사람은 타인과의 관계 맺음으로 자신의 존재 가치를 확인받곤 합니다. 타자를 통해 자신을 들여다보고 타인의 인정 속에서 행복해합니다. 누군가와 사랑이나 우정을 나누며 희열을 맛봅니다. 그럴 때면 살맛이 납니다. 이런 맺음은 '결실'입니다.

하지만 맺음은 힘든 시련으로 다가오기도 합니다.

사람 덕분에 행복하지만 사람 때문에 불행합니다. 지속되길 원하는 관계가 끝났을 때, 지속하고 싶지 않은 관계가 이어질 때, 관계를 맺은 누군가가 상처를 안길 때, 권력 유무에 따라서만 관계가 계속될 때 맺음은 '상실'이 됩니다.

관계 맺음은 이렇듯 이중적인 모습을 지니고 있습니다.

우리는 희망과 절망, 희열과 분노, 행복과 불행, 기쁨과 슬픔, 쾌락과 고통, 충만과 허전, 결실과 상실이 반복되고, 때로 교차하는 관계 맺음을 통해 세상을 살아갑니다.

   1장은 결실과 상실이라는 야누스의 얼굴을 가진, 사람으로 태어난 이상 어쩔 수 없이 겪어야 하는, 맺음에 대한 문장입니다.

나는 당신을
미워하지 않게
될까 봐
그것이
두려워요

앤드루 포터

『빛과 물질에 관한 이론』

어쩌면 사랑은…머묾

끝이 보이는 관계가 있습니다. 서로에게 머물다 떠날 수밖에 없는 관계입니다. 언젠가는 분명 헤어질 수밖에 없는 관계이기에, 아무것도 할 수 없는 관계이기에, 저들은 끝을 이야기합니다.

남자는 자기를 미워하게 될까 봐 두렵다고. 여자는 당신을 미워하지 않게 될까 봐 두렵다고.

서로 머무는 시간은 짧았고 끝은 오고야 말았습니다. 그 짧은 시간 동안 그들은 서로를 마음에 품었습니다. 끝이 보였기에 더 간절히 품었는지도 모르겠습니다. 일상적이면서도 깊은 대화, 함께 있는 짧은 순간, 커피 한 잔과 술 한 잔, 살포시 잡는 손과 상대방의 손등을 어루만지는 손길. 그들은 그렇게 서로를 품었습니다.

그들은 서로에게 사랑한다고 말한 적이 없습니다. 아마 그래서 헤어진 뒤에도 서로의 마음에 깊이 남아있을 수 있었는지 모르겠습니다. 사랑하는 사이라고 서로를 규정짓는 순간 규제와 억압은 따라오기 마련입니다. 질투와 의심이 생기고 서로의 행동을 통제하려 합니다. 서운함이 쌓이고, 미움이 뒤따르며, 상처를 주기도 합니다. 사랑한다면서 말이죠. 자신의 감정을 사랑이라고 규정하는 순간부터 우리는 이런 칼날 같은 감정에서도 자유롭지 못합니다.

사랑은 어쩌면 '사랑'이라고 규정짓지 않고 서로의 곁에 머무는 건지도 모르겠습니다. 누군가의 곁에 잠시 머무는 것, 그 머묾이 사랑인지도 모릅니다. 하지만 관계를 규정짓지 않고 서로의 눈빛과 행동, 이따금 스치는 손길로 자신의 감정을 전하며 상대방의 감정을 느끼는 건 정말 어려운 일입니다. 끊임없이 확인받고 싶어 하고 머묾을 강요하기 십상이기 때문입니다. 세상 사람들에게 서로 사랑하는 사이라고 얘기하지 못할 때 머묾은 힘든 일이 될 수 있습니다.

삶을 살다 멈춰 서서 누군가의 곁에 머물렀을 때, 잠시 머물렀다가 서로를 떠났을 때, 그 머묾은 평생 지울 수 없는 흔적을 남깁니다. 머문 자리가 여간해서는 채워지지 않을 때 더 그렇습니다. 머묾의 흔적을 지울 수가 없는 거죠. 떠남 역시 흔적을 남깁니다. 머무를 때는 몰랐던, 아니 미처 눈치채지 못했던 사랑하는 이의 부재(不在)가 주는 어마어마한 상실감을 겪어본 사람은 알 겁니다. 누군가 떠나고 나서야 큰 구멍 하나가 뚫려 있다는 걸 느낍니다. 그 빈자리를 어떻게 채워야 할지 몰라 당황하고, 때로는 방황합니다. 보고 싶어도 채우고 싶어도 이를 악물고 참아내야 합니다.

　떠남은 흔히 사랑의 끝이라고 여겨집니다. 그러나 저는 다르게 생각합니다. 떠남 역시 사랑의 일부분입니다. 삶과 죽음이 한 몸이듯, 죽음이 있기에 삶이 그 의미를 가지듯, 떠남이 있기에 머묾이 큰 의미로 다가옵니다. 떠남의 흔적은 미련이라는 한마디 말로 정의 내릴 수 없습니다. 떠남은 떠난 이의 부재를 통해 내 마음을 확인할 수 있는 기회입니다. 때로는 충만보다 상실로 사랑의 크기나 정도를 확인할 수도 있습니다. 그래서 떠남은 사랑의 끝이 아니라 사랑의 일부분입니다. 소설 속 저 두 사람처럼 떠남 이후를 걱정하며 미워할까 봐, 미워하지 않게 될까 봐 두려워하는 감정도 사랑입니다.

　머묾과 떠남은, 그래서 모두 사랑입니다. 머묾과 떠남으로 남겨진 흔적도 사랑입니다.
　사랑은 놀이가 아닙니다. 여간해선 지우지 못할 흔적을 남기기 때문이죠. 흔적이 남지 않는다면 서로 사랑했다 말할 수 없을 겁니다. 흔적이 생채기일 수도 있고 공허한 빈자리일 수도 있습니다. 우리 마음은 어쩌면 그런 생채기와 빈자리가 가득한지도 모릅니다. 구멍이 숭숭 뚫린 마음을 애써 외면하며 살아가는지도 모릅니다. 때로 그 빈자리를 눈치채고 다른 누군가가 빈자리를 채워줄 것을 기대합니다. 그러나 빈자리는 다른 사람으로 대체되지 않는 경우가 많습니다.

오직 그 사람만이 채워줄 수 있는 자리였기 때문입니다.

시간이 지나면서 빈자리를 잊고 살아가기도 합니다. 빈자리가 있었는가 싶을 정도로 잘 살아갑니다. 그러다 덜컥 빈자리를 마주합니다. 나에게 머물다 떠난 이의 빈자리를 확인하는 순간 여전히 사랑했던 흔적이 마음속에 머물고 있음을 깨닫습니다.

'사랑'이란 이름으로 우리 곁에 머물렀던 사람들. 그들이 남긴 머묾과 떠남의 흔적. 그 흔적으로 깨닫는 다른 차원의 머묾. 어쩌면 사랑은 뫼비우스의 띠처럼 끝없이 반복되고 있는지도 모르겠습니다. 미워하지 않게 될까 봐 두렵다는 말은, 미워하지 못해 계속 사랑할 수밖에 없다는 처연한 고백일지도 모릅니다.

누구를 사랑하고 사랑했다면 부디 머묾과 떠남의 흔적을 간직했으면 합니다. 그게 나와, 내가 사랑하던 이에게, 떠난 이에게 전하는 마지막 사랑일 수도 있기 때문입니다.

나는 납 같은
밥을 먹었네

나쓰메 소세키

『마음』

이지러진 관계, 그 지랄맞음에 대하여

'지랄'이란 표현을 좋아합니다. 이 단어는 "마구 법석을 떨며 분별 없이 하는 행동을 속되게 이르는 말"입니다. 속어이고 욕이긴 합니다만 정감이 갑니다. 그래서 지랄맞다, 지랄 났네, 지랄이다, 지랄 한다, 지랄이 풍년이다 등등으로 자주 씁니다. 상스럽게 느껴질지도 모르지만 저는 이 단어에 풍자가 섞여 있는 듯하여 좋아합니다. 그렇다고 아무 때나 함부로 사용하진 않습니다. 다른 사람에게는 잘 쓰지 않고 스스로에게 자주 씁니다.

감정 기복이 심한 날이 있습니다. 한없이 마음이 착 가라앉는 날에는, 왜 그런지 모르지만 짜증이 나고, 짓눌린 것 마냥 가슴이 답답합니다. 그럴 때 저는 '마음이 참 지랄 같네.'라고 중얼거리곤 합니다. 그리고 마음을 들여다봅니다. 왜 그런지, 왜 심란한지, 왜 한없이 가라앉고 있는지, 왜 조울증처럼 들쭉날쭉하는지 살펴봅니다. 원인을 알 수 없을 때도 있지만 마음속 심연을 들여다보면 대개 원인이 나옵니다.

누군가에게 들은 한 마디 말이 무의식에 상처로 남아서, 당장 내일 만나야 할 누군가와의 만남이 마뜩지 않아서입니다. 부끄러웠던 옛 기억이 느닷없이 떠올라서이기도 하고, 시간을 되돌리고 싶을 만큼 후회하는 일이 어마어마한 크기로 갑자기 다가와서이기도 합니다.

그러다 불현듯 깨닫습니다. 대부분의 지랄 같은 마음은 사람 사이의 '관계'에서 시작됩니다. 특히 관계가 이지러졌을 때 그렇습니다.
'이지러지다'는 "(물건의) 한 부분이 떨어져 없어지다, (달 따위가) 한쪽이 차지 아니하다, 얼굴이 일그러지다"란 뜻을 갖고 있습니다. 누군가와의 관계에서 뭔가가 충족되지 않을 때, 떨어져 나간 것 같은 상실의 감정을 느낄 때, 사람 사이의 관계 맺음에서 후회할 일이 생겼을 때, 그런 과거의 일이 떠올랐을 때, 얼굴이 일그러질 정도의 관계의 이지러짐을 상기했을 때 마음은 지랄같이 변합니다.

혼자 살 수 없는 게 사람입니다만, 가끔은 고독 속으로 침잠했으면 합니다. 사람에게 상처를 받을 때 그렇습니다. 어떻게든 사람과 부대끼면서 살아야 덜 외롭다는 걸 알지만 때로는 사람이 싫습니다. 얼굴 보기도 싫고 말 섞는 건 더 싫습니다. 싫은 사람 때문에 제 마음이 지랄같이 엉망이 되어, 애꿎게도 다른 사람에게 짜증을 내기도 합니다. 그래서 더 싫어지곤 합니다.

가끔은 제가 다른 이에게 상처를 주는 일도 있습니다. 그럴 때는 죄책감으로 마음이 지랄 같아집니다. 사과할 기회를 제대로 얻지 못했거나 진심 어린 사과를 하지 못했을 때, 상대방이 저에게 뭔가 화가 난 것 같은데 도통 그 이유를 모를 때 체증처럼 제 마음은 답답하기만 합니다. 그럴 때 마음은 몸에 영향을 줍니다. 나이가 들어갈수록 몸과 마음의 상호작용을 더 크게 느낍니다. 몸이 아프면 마음이 가라앉고, 마음이 심란하면 몸 어딘가에 이상이 생깁니다.

"나는 납 같은 밥을 먹었네."

나쓰메 소세키 『마음』*

나쓰메 소세끼의 『마음』에 나오는 '선생님'은 '관계의 이지러짐'으로 인한 상처를 안고 살아가는 사람입니다. 그 관계의 이지러짐은 모두 자신으로부터 시작되었습니다. 어쩔 수 없는 상황이 연속적으로 겹치기도 했지만 자기 마음을 제대로 남에게 전하지 못한 탓에, 질투와 소유욕에 사로잡혀 그는 평생 후회할 일을 만들고야 맙니다.

그때부터 마음에 빗장을 치고 한평생 사람과의 교류를 최소화한 채 살아갑니다. "인간을 사랑할 수 있는 사람, 사랑하지 않을 수 없는

---

* 나쓰메 소세키, 송태욱 옮김, 『마음』(현암사, 2016), 251쪽.

사람, 그러면서도 자신의 품으로 들어오려는 사람을 손을 벌려 안아 줄 수 없는 사람"이 된 것입니다.**

관계의 이지러짐이 처음 시작된 날, 그는 납 같은 밥을 먹습니다. 납 같은 밥을 먹는 기분은 어떨까요? 아무리 맛있는 걸 먹어도 맛을 제대로 못 느끼는 경험이 있는 사람이라면 알겁니다. 평소에 맛있게 먹었던 음식 맛이 전혀 다르게 다가올 때는 미각에 이상이 없는 한 마음자리가 뒤숭숭하기 때문입니다. 그럴 때는 도통 무슨 맛인지 모르고 기계적으로 밥을 먹거나 밥 먹는 걸 멈춥니다. 먹는 걸로 스트레스를 푸는 사람도 있지만 저는 스트레스를 받으면 밥 먹는 것부터 중지합니다. 밥이 밥 같지 않아서입니다. 마음이 마음 같지 않아서입니다.

사람과 관계를 맺는다는 건 즐겁기도 하지만 피곤한 일이기도 합니다. 좋은 사람과 관계를 맺는 건 희열이지만, 별로인 사람과 어쩔 수 없이 관계를 맺는 건 짜증의 문턱에 다가서는 일입니다. 좋은 사람이라 하더라도 때로는 짜증 나고 피곤할 때도 있습니다. 항상 좋은 사람은, 제 경험상 이제껏 단 한 번도 없었습니다. 모든 사람은 명과 암이 있었습니다.

**   나쓰메 소세키, 위의 책, 29쪽.

제 마음에도 명암이 분명합니다. 누군가에게는 좋은 사람이지만 누군가에게는 나쁜 사람이라는 걸 압니다. 또 좋은 사람이었다가 나쁜 사람이었다가를 반복한다는 것도요. 후회하고 회한에 젖고, 상실에 허덕이고, 기대가 충족되지 못할 때 화를 내고, 질투를 반복하고 그렇게 지랄 같은 마음을 품고 살아가는 탓입니다. 어떤 관계든 달이 차고 기우는 것처럼 이지러짐의 순간이 있는 법입니다. 그럴 때 마음은 지랄 같아집니다. 악연으로 질기게 이어지는 관계에서는 더더욱 그렇죠. 이 관계를 끊어내고 싶지만 쉽지 않은 경우가 대부분입니다.

'맺다'에는 여러 뜻이 있습니다. "사람이나 조직 따위가 서로 어떤 관계를 짓거나 이루다"의 의미도 있지만 "계속해오던 일을 마무르다, 끝내다"의 뜻도 있습니다. 이지러진 관계 맺음에 지쳐간다면, 그 관계를 끝내고 매듭짓는 것도 필요합니다. 그래야 납 같은 밥을 조금 덜 먹을 수 있고, 마음도 조금 덜 지랄 같아질 겁니다.

그걸 잘 알면서도, 오늘도 여전히 제 마음은 지랄 같습니다.

아마 많은 이들이 이지러진 관계에 허덕이며 지랄 같은 마음을 품고 살아가는지도 모르겠습니다.

그것이 홀로 살 수 없는 인간의 숙명일까요?

누군가와의 관계 맺음을 통해
스스로의 가치를 느끼는 인간의 운명일까요?

그리하여 삶은 지랄의 연속인 걸까요?

만약 그렇다면…

저는, 조금 덜 지랄하고 싶습니다.

> 당신, 거기 지금 추워요?
>
> 켄트 하루프
> 『밤에 우리 영혼은』

스며들다, 그래서 거두지 못한다

밤이 외로워 시작한 일이었습니다. 혼자 밤을 지새우는 게 너무 힘들어 시작한 일이었습니다. 용기를 냈습니다. 한 침대에서 같이 잘 수 있겠느냐고. 섹스 없이 잠만 같이 잘 수 있겠냐고.

응답했습니다. 그러겠다고. 언제까지 그렇게 할지는, 둘 다 몰랐습니다. 한 번일지, 그 이상일지, 언제까지 지속될지 둘은 몰랐습니다.

그렇게 혼자 지새던 밤을 이젠 같이 보내게 되었습니다. 이야기를 나누고 외로움을 나눴습니다. 추억을 나누고 현재를 나눴습니다. 캠핑도 가고, 드라이브도 하고, 공연도 보러 다녔습니다. 소문 따위는 신경 쓰지 않았습니다. 한평생 남들 눈치 보며 살아왔지만 이제는 더 이상 그러고 싶지 않다고 여자는 다짐했습니다.

남자는 말합니다. "이 나이에 누군가를 알아가는 것. 스스로가 그녀를 좋아하고 있음을 깨닫는 것. 알고 봤더니 온통 말라죽은 것만은 아님을 발견하는 것", 그것이 좋은 시간을 보내는 요인이라고 말이죠.*

여자는 말합니다. "밤의 어둠 속에서 이렇게 함께 있는 것. 이야기를 나누는 것. 잠이 깼을 때 당신이 내 옆에서 숨 쉬는 소리를 듣는 것", "함께하는 시간이 좋고", "여기 깃든 우정이 좋다"**고 말입니다.

이들의 행복이 아슬아슬했습니다. 세상이 이들을 가만 놔둘 것 같지 않았습니다. "모든 것은 변하니까요."*** 란 남자의 말에서, "더는 불가능할 만큼 행복해요."**** 란 여자의 말에서, 저는 비극을 예감했습니다.

예감된 비극은, 결국 일어나고야 맙니다. 그러나 그들은 서로를 끊지 못합니다. 서로를 향한 시선을 끝내 거두지 못합니다. 조심스레 살피고 조용히 헤아립니다. 한번 붙잡은 행복을, 다시 찾아온 사랑을 놓치고 싶지 않아서였을까요? 다른 건 바라지 않고 그저 보고 싶고 이야기하고 싶다는 간절한 마음 때문이었을까요?

이별을 한 이후, 남자는 여자의 집 앞을 서성입니다. 여자는 그런 남자를 바라봅니다. 애태웁니다. 머뭇거립니다.

---

* 켄트 하루프, 김재성 옮김, 『밤에 우리 영혼은』 (뮤진트리, 2017), 59쪽.

** 켄트 하루프, 위의 책, 102쪽.

*** 켄트 하루프, 위의 책, 109~110쪽.

**** 켄트 하루프, 위의 책, 171쪽.

함께 밤을 보낸다는 건, 함께 이야기를 나눈다는 건, 함께 손을 잡고 입맞춤을 한다는 건, 함께 마음을 나눈다는 건, 스밈입니다. 고체가 아닌 액체와 기체 같은 마음이 서로에게 스며듭니다. 고체로 된 두 물체처럼 충돌하거나 물과 기름처럼 분리되지 않는 것, 어쩌면 그게 사랑이고 우정인지도 모르겠습니다.

서로에게 스며든 마음을 다시 분리하기는 어렵습니다. 분리가 안 되는 물성을 지닌 것들을 분리하기란 불가능할 만큼 힘든 일이니까요. 물이 마르며 흔적을 남기듯, 스며든 마음이 마를 날만 기다려야 합니다. 기화되어 날아갈 날을 기다려야 합니다.

다시 혼자인 밤이 찾아왔습니다. 홀로 잠들어야 하는 밤. 이야기를 나눌 상대도, 손을 맞잡을 상대도 없는, 잠에서 깨어나도 누구의 숨소리도 들리지 않는 밤. 혼자여서 힘든 밤. 그 밤을 견디지 못해 여자는 남자에게 전화를 겁니다. 그리곤 말합니다.

"당신, 거기 지금 추워요?"
켄트 하루프, 『밤에 우리 영혼은』

당신. 거기. 지금. 추워요? 상대방을 호명하고 공간을 지칭하고 시간을 얘기하며 상태를 묻습니다. '저는, 여기서, 지금, 추워요.' 외롭다는 말과 같습니다. '지금 거기'가 아니라 '거기 지금'이라고 말한 이유는 상대방이 없는 공간이 더 크게 다가와서였을 거라고 짐작합니다.

내가 없는 거기가 추운지 묻는 건 당신이 없는 여기는 춥다는 말입니다. 나처럼 당신도 외로운지를 살피는 겁니다. 몸은 분리되었을지언정 서로에서 스민 마음은 차마 분리시키지 못했기에 묻습니다. 얘기를 나누는 것만으로도 그들은 서로의 스밈을 확인합니다. 그래서 이들에게 닥친 비극은 비극이 아닌지도 모릅니다. 이들은 사랑과 이별이란 말로 명확히 구분될 수 없는 스밈 같은 사랑을 하고 있는지도 모르기 때문입니다.

그런데 스며드는 건 사랑만이 아닙니다. 습기가 많은 곳의 추위는 건조한 곳보다 더 버티기 어렵습니다. 차가운 기운을 머금은 습기가 옷에 스며들고 몸에 스며들기 때문입니다. 외로움도 그렇습니다. 외로움은 단박에 찾아오지 않습니다. 서서히 스며듭니다. 찬 기운을 머금은 습기가 온몸에 침투하듯 마음에 스며든 외로움은 견디기가 어렵습니다. 그러다 문득 깨닫습니다. 외롭다는걸, 누군가를 그리워하고 있다는걸, 외로워서 서럽다는 걸 말이죠.

때때로 외로움을 견디지 못하고 용기를 냅니다. 누군가를 부르고 그리워하다 서로에게 스며듭니다. 그게 사랑이든 우정이든 간에 누군가에게 마음자리를 내어주고 어느덧 상대에게 스며들어 있는 걸 느낍니다. 구획이 정확히 나눠져 있으면 좋으련만 경계는 모호합니다. 어느 한 쪽만 뚝 떼어낼 수 없습니다. 서로를 갈망하는 마음이 지속되는 한 관심과 시선을 거두기가 힘이 듭니다. 외로워서 더 그렇습니다.

사랑과 외로움은 같은 물성을 지니고 있습니다. 썰물과 밀물과도 같습니다. 들고 나는 파도처럼 사람들은 외로워서 사랑을 부르고 사랑했기에 더 외로워집니다. 두 감정 모두 스밈이기에 쉽사리 떨쳐내기가 힘듭니다. 사랑이란 감정이 외로움을 도드라지게 만든다는 사실도 알고 외로움이 사랑을 더 처연하고 절벽에 내몰린 것 마냥 간절하게 만든다는 것도 알지만 어쩌겠습니까. 외로움이 불시에 찾아오듯 사랑도 불시에 찾아오는 것을….

습기를 머금어 젖어 있는 감정이 밀물과 썰물처럼 들고 나는 걸 누가 막을 수 있겠습니까. 거둘 수 없는 감정의 스밈을, 갈증과 기갈에 시달리다 겨우 찾아낸 습기 가득한 사랑을 누군들 막을 수 있겠습니까.

그러니 "당신, 거기 지금 추워요?"라고 물을 수밖에 없었을 겁니다. 스며든 사랑은 그만큼 거두기 힘든 법이니까요.

> 누군가를
> 좋아하면
> 시간은
> 둘로 나뉜다

은희경

『소년을 위로해줘』

사랑, 그리움의 반복 재생

호기심부터입니다.

네가 궁금해지고, 지나가듯 흘리는 듯한 네 얘기에 의미를 부여하고, 네 작은 손짓과 눈짓이 눈에 들어오고, 네 말투와 몸짓을 따라 하게 되고, 네 일상이 궁금해지고, 그 일상 속에 내가 있기를 원하고…. 이렇듯 누군가를 마음에 품는 행위는 호기심으로부터 시작됩니다.

내가 누군가를 궁금해하고 누군가 나를 궁금해하는 것은 벅찬 감동을 안겨줍니다. 세상을 살아가는 무수히 많은 사람들 틈에서 별로 중요하지 않은 장삼이사로 살다가 서로 호기심을 느끼며 누군가를 만나게 되는 순간. 그 순간의 희열을, 우리는 사랑이라 부르는지도 모르겠습니다. 각자 따로 살아오던 삶과 삶이 만나 서로에게 소중한 존재가 되는 순간이 사랑인지도 모릅니다. 마치 일평생 서로를 기다려온 것처럼 '운명'이란 단어를 떠올리며 사람들은 그렇게 사랑을 시작합니다.

누군가를 좋아하고 궁금해하게 되면 시간 개념이 어그러집니다. 과거와 현재가 교차하고 기억은 너무도 쉽게 추억으로 바뀌어버립니다. 마음이 온통 사랑하는 상대에게 가 있기 때문에 그 사람만을 생각하는 시간이 많아집니다. 저 문장처럼, 사랑하는 상대와 함께 있는 시간과, 함께 있었던 시간을 떠올리는 시간만 존재하게 됩니다. 과거를 기억할 수 있는 인간의 능력이 참 고맙게 느껴지기도 합니다.

사랑하는 이와 함께 있는 순간은 즐거운 일입니다. 눈과 귀가 온통 그에게 쏠려 있고, 그의 입에서 나오는 말과 소소한 손짓과 몸짓에서 나에 대한 사랑을 확인하는 건 행복한 일입니다. 그런 순간을 머릿속에 남겨 놨다가 그때 느꼈던 감정과 함께 다시금 꺼내는 순간 역시 흐뭇하기만 합니다. 사랑하는 이의 말과 행동을 마음에 새기고, 그 사람이 없는 순간에 다시금 기억 속에서 소환하는 일은, 굳이 의도하지 않아도 자연스럽게 이루어집니다.

함께 있든, 그렇지 않든 사랑에 빠진 이는 언제 어디서나 사랑하는 이와 함께입니다. 문득 그의 목소리가 들리고 불현듯 그가 한 말이 떠오릅니다. 환영(幻影)이 보이고 환청(幻聽)이 들립니다. 손길이 느껴지고 그가 무심히 했던 행동이 같이 있을 때는 미처 몰랐던 배려의 몸짓이었음을 뒤늦게 깨닫기도 합니다. 그렇게 다시 만날 때까지 틈만 나면 사랑하는 이를 마음속에서 꺼내봅니다. 같이 있을 때는 그의 일거수일투족을 마음에 새깁니다. 바위에 글을 새기듯 정성스럽게 새깁니다. 사랑에 빠지기 전에는 단단하게 굳어있던 마음이, 사랑에 빠진 후에는 부드러워졌기 때문에 사랑하는 이를 새기는 건 그리 어렵지 않습니다.

사랑이란 말의 어원에 대해 여러 가지 설이 있습니다. 누군가는 삶에서 나왔다 하고, 누군가는 생각하고 헤아린다는 사량(思量)이란 한자어가 사랑의 어원이라고 합니다. 둘 모두 일리가 있습니다. 사랑 없는 삶을 생각할 수 없듯이 삶은 누군가를 사랑할 때 빛을 발합니다. 누군가를 사랑하게 되면 그 사람을 생각하고 그 사람의 마음을 헤아리고 배려하는 감정이 자연스럽게 생깁니다. 사랑하는 이를 살피게 되는 겁니다. 사랑이 삶에서 나왔든, 사량에서 나왔든, 사랑은 누군가를 온전히 품는 일입니다. 누군가에게 나를 오롯이 품게 하는 일입니다. 그렇게 서로에게 소중한 존재가 됩니다.

하지만 사랑의 감정은 영원하지 않습니다. 사랑이 끝났을 때 즐겁기만 하던 '새김'의 흔적이 아픔으로 다가옵니다. 더 이상 새로 새길 무언가도 없고, '공유'하는 시간 없이, 과거에 새겨두었던 기억을 꺼내는 과정은 허무합니다. 꺼낼수록 허기만 느껴집니다. 채워지지 않는 욕망을 부둥켜안고 침잠합니다.

이때의 시간은 둘로 나뉘지 않습니다. 오직 하나의 시간만이 존재할 뿐입니다. 그리움의 시간만이 남아 있을 뿐입니다. 끊임없이 과거를 소환하고, 소환된 기억 속에서 상처받는 시간만 존재합니다. 그리움과 외로움을 확인하는 시간 안에서, 사람은 말라갑니다. 사랑할 때는 시간 개념이 어그러지지만, 이별하고 나서는 시간뿐만 아니라 공간 개념까지 어그러지는 듯합니다. 내가 어디에 있는지, 어디까지 왔는지 모르는 상황에 빠지기도 합니다.

사랑하는 사람에 대한 호기심이 사라졌을 때 사랑은 끝납니다. 호기심이 남아 있다 하더라도 궁금해하지 말아야 한다는, 궁금해해서는 안 된다는, '호기심 금지' 상황이 사랑의 끝을 강제합니다. 더는 궁금해하지 않는 게 나와 상대를 위한 일이 될 때 사랑은 조용히, 그러나 단호하게 종료됩니다.

하지만 한동안 누군가를 생각하고 헤아리고 궁금해하는 마음은 남아있을 수밖에 없습니다. 언젠가는 사라지겠지만 '함께 있었던 시간을 반복 재생'하며 그리워합니다.

사랑과 이별은 아무리 나누어도 하나가 되어 버리는 시간 안에 존재하는지도 모릅니다.

아마, 그럴 겁니다.

> 누구라도
> 피는 붉더이다-

김혜린

『비천무 6』

사람은 그냥 다 사람

"강자는 약자를 병탄(倂吞)한다. 강자는 약자를 인탄(麟吞)한다. 이것만이 변하지 않는 진리야."

한동안 재미있게 봤던 드라마 〈육룡이 나르샤〉(2015)에서 고려의 권문세족이었던 길태미(박혁권)가 죽기 전에 한 말입니다. 병탄은 '빼앗아 삼킨다'란 뜻이고, 인탄은 '짓밟고 빼앗다'란 뜻입니다. 길태미는 "그럼 강자가 약자를 짓밟지, 약자가 강자를 짓밟냐!"란 말도 했죠. 아주 오래전부터 그게 세상의 이치였다는 듯 길태미는 저렇게 외치고 죽음을 맞이합니다. 길태미의 말에 부정을 하지 못했습니다. 강자가 약자를 짓밟는 일이 과거에도, 지금도 계속되고 있으니까요.

남보다 조금이라도 힘이 있는 자는 자기보다 약한 자를 짓밟습니다. 재벌 회장들의 운전기사에 대한 폭언과 폭행, 약자에게 희생을 강요하는 온갖 갑질, 서비스업 종사자들이 '고객님'으로부터 당하는 수모, 고용주가 종업원에게 가하는 폭언과 모욕 등 헤아릴 수 없을 정도로 그 예는 많습니다. 언제나 약자는 강자에게 짓밟히는 것 같습니다. 저 역시 언제든 그런 인탄과 병탄의 대상이 될 수 있습니다. 아직 운이 좋았을 뿐입니다.

흔히 인간에게는 천부적인 권리, 즉 인권이 있다고 합니다. 인간으로서의 존엄성을 지키며 살기 위한 가장 기본적인 권리가 인권입니다. 병탄과 인탄의 대상이 되지 않기 위한 최소한의 보호막이기도 하죠. 저는 인권을 지키기 위해 중요한 것은 서로 간의 존중이라고 생각합니다. 타자의 존재를 인정하고 존중하는 일이 곧 인권의 시작일 수 있습니다.

사람과의 관계 맺음에서 중요한 것이 두 가지라고 생각합니다. 하나는 타자와의 다름을 인정하는 것이고, 다른 하나는 타자와 다르지 않음을 인정하는 것입니다. 풀이해보면 이렇습니다. 타자와 다름을 인정하는 것은 말 그대로입니다. 타자가 자신과 다르다는 것을 인정하는 거죠. 그래야 자기 기준에 타자를 맞추려 들거나, 타자를 평가하고 통제하거나, 섣불리 재단하고 차별하지 않게 됩니다.

타자와 다르지 않음을 인정하는 것은 타자보다 자신이 더 우월하고 특별하다는 생각을 내려놓는 일입니다. 남보다 내가 더 우월하다고 여길 때 차별은 탄생합니다. '난 특별해'라는 생각은 쉽게 오만으로 빠지고, 남들을 자기보다 낮은 존재로 인식하게 합니다. 오만은 쉽게 폭력으로 변질됩니다. '우리 민족은 특별해', '우리 인종은 특별해'란 생각으로 저질러진 수많은 학살을 떠올리면 쉽게 이해될 것입니다.

그래서 타자와 다름을 인정하는 것만큼 타자와 다르지 않음을 인정하는 게 중요하다고 생각합니다. 인간에 대한 존중은, 바로 이 지점에서부터 시작할 수 있습니다.

"나는 수많은 살인을 했으나 누구라도 피는 붉더이다. 사람은 그냥 다 사람이지요."

김혜린, 『비천무 6』(대원, 1997)

김혜린의 만화 『비천무』에서 명문가의 자식으로 태어났으나 얄궂은 운명의 장난으로 평생 살수(殺手)로 살았던 유진하는, 자신을 찾아온 명나라의 건국자 주원장에게 이렇게 말합니다. 평민 출신인 주원장은 유진하에게 피의 귀천과 명가(名家)가 무엇인지 물었고, 유진하는 저 말과 함께 피에 귀천이 없다는 것과, 명가가 사람들을 짓누르면 압제자가 된다고 말합니다. 백성 위에 군림하지 말 것을, 짓누르지 말 것을 요구한 거죠. 황제 또한 백성들의 어깨를 짓누르는 돌덩이가 되면 백성들이 그것을 치우고 싶어할 거라는 말도 덧붙입니다.

이 문장에 타자와의 다름을 인정하면서도, 동시에 타자와의 다르지 않음을 인정하는, 존중의 개념이 오롯이 녹아있다고 생각합니다. 유진하는 스스로를 대단한 사람으로 생각하지 않습니다. 자신을 살인자라고 자각하고 권력자가 힘 없는 사람을 탄압하는 것에 분노합니다. 유진하는 자객으로 살아온 자입니다. 비록 백성을 억압하는 권력자를 처단하고, 다른 사람들을 보살폈지만 살인자임은 분명합니다.

사람의 목숨을 앗아 온 자가, 사람 사이의 평등을 얘기하는 게 가당치 않을 수도 있습니다. 하지만 그의 말속에는 자객으로 살아온 삶에 대한 회한이 녹아 있고, 권력의 차이로 남을 짓누르는 자들에 대한 증오가 녹아 있습니다. 그래서 그 한마디가 마음속에 깊게 각인된 듯합니다.

평민이었던 주원장이 세운 명나라도 결국은 강자가 약자를 억압한 나라가 되었습니다. 군주와 귀족 등 특권계층이 존재하는 신분제 사회는 강자가 약자를 인탄하고 병탄해왔습니다. 노비와 노예도 있었고 인권은 언감생심이었습니다. 사람은 모두가 동등한 세상이 아니었습니다. 지금도 많이 달라지지 않았습니다. 한 줌의 권력이라도 있으면 사람들은 약자를 짓밟습니다. 너무나 쉽게, 너무나 당연하게 인간의 존엄성을 무릎 꿇리고 인권을 유린합니다. 권력과 금력의 차이로 강자와 약자가 나뉘고, 강자는 약자를 억압합니다.

이렇듯 강자가 약자를 인탄하고 병탄해 온 세월이 길고도 길었습니다. 평등보다는 차별이 막강한 힘을 발휘하고, 강자가 약자의 것을 빼앗고 짓밟는 일이 지금도 계속되고 있습니다. 하지만 사람은 그냥 사람이라는, 자유와 평등의 가치를 담은 인권을 지키기 위한 싸움의 기록 역시 그만큼 오래되었습니다.

혁명이든, 개혁이든, 시민 불복종 운동이든 보다 인간다운 사회를 만들기 위한 수많은 사람들의 노력으로, 우리는 자유와 평등을 어느 정도 이루어낼 수 있었습니다. 인권을 현실 세계에서 구현할 수 있었습니다. 무수히 많은 장애물이 있었지만 그럼에도 인권을 향해 한 걸음씩 내딛고 있습니다. 그 원동력이, 바로 저 한 마디 문장에 담겨 있습니다.

사람은 그냥 다 사람이라는, 보잘것없는 것처럼 여겨질 수도 있는 저 짧은 문장 안에 말입니다. 저 문장이 주는 울림이 제법 큰 이유입니다.

한 여자를
사랑했지
그 여자 이름이
기억나지
않는구나

에밀 아자르

『자기 앞의 생』

사랑한 기억만으로 살 수 있을까

'그때는 그랬지.'라는 말을 좋아하지 않습니다. 과거 언저리를 더듬고 배회하는 일은 별로 하고 싶지 않습니다. 돌이킬 수 없는 과거는 과거일 뿐이라 여깁니다. 기쁘면 기쁜 대로, 아프면 아픈 대로, 과거에 벌어진 일은 추억이란 이름으로 제 머릿속에 멈춰 있습니다. 살면서 간혹 추억을 떠올리기도 합니다만, 그 이야기를 누군가에게 떠벌리는 짓은 웬만해서는 삼갑니다. 어차피 저한테만 의미 있는 과거이고 추억일 뿐이니까요.

그런데 누군가는 추억을 이야기합니다. 에밀 아자르의 소설 『자기 앞의 생(生)』에 등장하는 여든 넘은 하밀 할아버지는 자신이 사랑했던 여인의 이름을 떠올리곤 합니다.

하밀 할아버지는 좋은 기억력을 준 하느님에게 감사하고, 그 감사함 때문에 매일 웃고 다닐 수 있다고 얘기합니다. 잊을까 봐 걱정했는데 잊지 않을 것 같아 안심이라고도 말합니다. 저는 이 소설을 읽는 내내 하밀 할아버지가 사랑한 사람에 대한 기억 덕분에 살아갈 수 있었던 것 아닌가 하는 생각이 들었습니다. 수많은 추억 중에 육십 년 전 단 8개월 동안 사랑했던 '자밀라'라는 이름을 기억하고, 기억할 수 있어서 안심이라고 얘기하니까요. 어쩌면 가장 많이 사랑했고 짧지만 강렬한 사랑이었을지도 모르겠습니다. 아니면 못내 아쉽고 안타까운 이루지 못한 사랑이어서 더 기억에 남았을 수도 있겠습니다. 사정이야 어찌 됐든 하밀 할아버지는 '자밀라'를 사랑한 기억만으로 여생을 살고 있다는 느낌이었습니다.

그런데 세월이 조금 더 흐른 뒤 하밀 할아버지는 사랑했던 사람의 이름을 기억하지 못합니다.

"나도 젊었을 때는 누군가를 사랑했어. 한 여자를 사랑했지. 그 여자 이름이……."

그는 입을 다물었다. 깜짝 놀라는 것 같았다.

"……기억나지 않는구나."

에밀 아자르, 『자기 앞의 생(生)』*

죽을 때까지 기억할 수 있을 거라고 말했지만 기억은 어느덧 사라집니다. 누군가를 사랑했다는 감정만 남아 있을 뿐 사랑한 사람의 이름도, 점점 흐려지고 마는 것이죠. 나이가 들고 세월이 흐르면 당연하

---

*   에밀 아자르, 위의 책, 304쪽.

게 벌어지는 일이지만, 이 대목에서 참 안타까웠습니다. 기억을 잃는다는 건, 사랑했던 사람을 잃는 데에 더 나아가 인생 자체를 잃는 것일 수도 있으니까요. 더구나 미래가 얼마 남지 않은 상태에서 기억조차 잃는다면 남은 생에 무슨 의미가 있을까, 하는 생각도 들었습니다.

이때 불현듯 "사람은 사랑한 기억만으로 살 수 있을까" 궁금해졌습니다. 하밀 할아버지를 보면 그럴 수도 있다는 생각이 듭니다. 사랑은 사람을 특별하게 만들어줍니다. 누군가에게 내가, 나에게 누군가가 특별한 존재로 다가옵니다. 그와 보낸 시간이 특별해지고 그와 함께한 공간이 특별해집니다. 별거 아닌 표정과 몸짓, 무심코 내뱉은 한마디 말조차 모두 특별해집니다. 하밀 할아버지가 그 많고 많은 추억 중에 사랑한 기억을 떠올리고 사랑하는 사람의 이름을 기억하려 애썼던 건, 자기 인생의 특별한 순간을 간직하고 싶어서였는지도 모릅니다.

하지만 그 특별한 순간을 기억하는 건 어쩌면 일종의 마약과도 같습니다. 지금 내가 살고 있는 삶이 특별하지 않아서, 누군가를 사랑하지 못하고 있어서, 과거를 떠올리면서 자위를 하는지도 모르겠습니다. 그래서 더 과거에 집착하게 되는 걸지도요. 사랑한 기억은 어느 날 신기루처럼 사라집니다. 기억이 사라지는 날, 사랑도 끝이 날 수밖에 없습니다.

사람은 사랑한 기억만으로도 살아갈 수 있습니다. 사랑할 대상이 없고 기억만 존재할 때 느끼는 공허함, 허전함, 허무함을 감당할 수 있다면 말입니다. 기억과 함께 사랑이 사라지는 것도 감내해야 합니다. 만약 그걸 감당하지 못한다면 살아가기가 힘들 겁니다.

『자기 앞의 생(生)』 말미에서 주인공 모모는 이렇게 말합니다. "사람은 사랑할 사람 없이는 살 수 없다. …사랑해야 한다."** 여기서 의문이 들었습니다. 왜 '사랑'이 아니고, 또 '사랑하는 사람'도 아니고, 하필이면 '사랑할 사람'일까요. "사람은 사랑 없이는 살 수 없다.", "사람은 사랑하는 사람 없이는 살 수 없다."라고 할 수도 있었는데, 왜 '사랑할 사람'이라고 표현했는지가 풀리지 않는 의문입니다.

사람은 사랑할 사람을 찾아내고, 그를 사랑할 때 특별한 순간을 맞이하고 그로부터 인생의 의미를 찾는다는 의미일까요? 언제든 누군가를 사랑할 준비가 되어 있는 게 사람이라는 얘기일까요? 생(生)은 결국 사랑할 사람을 찾아 헤매는 과정이라는 의미일까요? 뭐가 맞는지는 모르겠지만 저는 "사람은 사랑할 사람 없이는 살 수 없다."라는 말에 동의합니다.

어쩌면 생은 사랑할 사람을 찾아 헤매는 과정인지도, 사랑한 기억을 붙잡고 남은 생을 살아가는 건지도 모릅니다. '사랑'이란 이름으로 맞이했던, 또 맞이하게 될 그 특별한 순간이 있기에 생은 그 의미

** 에밀 아자르, 위의 책, 311쪽.

를 갖는지도 모릅니다. 사랑이 인생의 전부는 아니지만 곰곰이 생각해보면 행복했던 순간에는 언제나 사랑이 함께였습니다.

그래서 모모의 독백처럼, 사랑해야 합니다.

과거의 사랑이든, 현재의 사랑이든, 미래의 사랑이든, 사랑해야 합니다.

사랑하는 대상이 사라지고 기억이 사라지는 날까지 말입니다.

그것은 눈물이라는
수맥이었다

공선옥

『영란』

외로움이 외로움을 품는다

누군가와의 이별은 상실을 불러옵니다. 상실은 마음속 구멍입니다. 파인 가슴입니다. 언젠가는 새살이 돋고 그 구멍이 매워질 거라 여기지만 어쩌면 구멍 가장자리만 아문 것일지도 모릅니다. 그렇게 파인 가슴에 슬픔과 외로움이 밀려들어 눈물이 됩니다. 상실로 인한 구멍에, 파인 가슴에 눈물이 차오르고 눈물샘이 됩니다.

사람들은 저마다의 눈물샘을 갖고 살아가는지도 모르겠습니다. 절대 채워지지 않는, 눈물로밖에 채울 수 없는, 그런 샘 말입니다. 눈물샘을 안고 살아가는 사람들은 자기도 모르게 비슷한 상처를 지닌 이를 알아봅니다. '저 사람도 나와 같구나', '저 이도 슬프고 외롭구나' 하며 말이지요. 그들은 서로를 눈치채고 서로의 아픔을 공유합니다.

"…정섭은 자신이 그 여자를 생각하는 마음의 종류가 어떤 것인지를 알고 있었다. 그것은 눈물이라는 수맥이었다. 서로 다른 곳에서 생성된 눈물길이 통하고 있어서였다. 그것은 그러니까, 예기치 않은 순간에 소중한 것을 잃어버린 사람들의 파인 가슴이 만들어낸 샘이었다. 그 사람들은 살아있는 동안, 그 눈물샘에서 솟아나는 눈물을 먹고 살아가야 하는 운명이 시작된 셈이다."*

파인 가슴속 눈물샘에서 솟아나는 눈물을 먹고 살아가야 하는 이들이 있습니다. 그들이 품고 있는 눈물샘은 많은 시간이 흐른 뒤에도 쉬이 마르지 않는 듯합니다. 상실은 다른 무엇으로도 완전히 대체할 수 없기 때문입니다. 다만 눈물샘을 안고 살아가는 이들은 정섭이 영란에게 그랬던 것처럼, 영란이 정섭에게 그랬던 것처럼, 자기도 모르게 마음자리가 서로에게 향합니다.

그들의 눈물은 수맥이 되어 서로를 이어줍니다. 눈물길이 생겨나는 겁니다. 상실이 어떤 아픔인지, 어떤 슬픔인지를 알기에 다른 사람의 아픔과 슬픔이 전해집니다.

연달아 사랑하는 이들을 떠나보낸 영란. 변명의 여지가 없는 자신의 잘못으로 사랑하는 이들과 이별하게 된 정섭. 이 두 사람은 눈물샘에서 길어 올린 슬픔을 안고 살아갑니다. 문득문득 떠오르는 과거를 회상할 때마다 저린 가슴을 부둥켜안을 수밖에 없습니다. 자기 의지로 그 슬픔을 이겨낼 수도, 극복할 수도 없는 지경입니다. 남은 생을 그저 견디는 수밖에 없습니다.

---

* 공선옥, 『영란』(문학에디터 뿔, 2010), 69쪽.

끊임없이 시간을 거꾸로 되돌리고 싶어 하지만 흘러가버린 시간은 절대 뒤를 돌아보지 않습니다. 그 와중에 남는 건 자책, 떠난 이에 대한 원망, 홀로 남겨진 자만이 느끼는 슬픔, 그리고 영원히 계속될 것만 같은 외로움, 외로움, 외로움….

"우리 같은 사람은 골백번 이별해도 이별만은 질이 안 들어."**라는 말처럼 이별은 골백번 해도 익숙해지지 않습니다. 아무리 많은 이별을 한다고 해도 이별은 낯섭니다. 이별의 슬픔과 상실의 감정은 그 농도가 옅어질지언정 완전히 사라지지는 않습니다. 제발 사라졌으면 좋겠지만, 간절히 원하고 바라지만, 절대로 없어지지 않습니다. 이별로 생겨난 구멍 하나 채울 수 없습니다.

그 구멍에는 슬픔과 함께 외로움이 삽니다. 눈물샘이 마르지 않는 건 슬픔 때문이기도 하지만 채워지지 않는 외로움 때문인지도 모릅니다. 다시는 만날 수 없고, 만나도 전과 같이 대할 수 없다는 사실만으로도 외롭습니다. 외로움 속으로 침잠해 들어갈 수밖에 없는 현실은 전과 다른 삶을 살게 합니다.

우리는 쉽게 얘기합니다. 슬픔을 극복하라고, 외로우면 사람을 찾으라고. 누군들 그걸 몰라서 안 하겠습니까. 사람들은 쉽게 말합니

** 공선옥, 위의 책, 138쪽.

다. 잊으라고. 잊는 것조차 자기 뜻대로 하지 못하는 게 '마음'입니다. 잊고 싶어도 잊히지 않는 게 있습니다.

어쩌면, 떠난 이를 잊을 것만 같아서 도리어 슬픔과 외로움 속으로 침잠해 들어가는지도 모릅니다. 절대 잊고 싶지 않은 이여서 더 그런지도 모릅니다. 떠난 이를 잊는다는 게 큰 잘못처럼 여겨질 때도 있습니다. 떠난 이를 잊고 자기만 잘 사는 게 큰 죄를 짓는 것처럼 느껴지기도 합니다.

가혹한 현실입니다. 여생을 눈물샘에서 길어 올린 눈물을 먹고 살아야 하는 운명은 가혹하다 못해 비참하기까지 합니다. 아픔과 슬픔과 외로움으로 가득 찬 삶입니다. 하지만 가혹한 현실에서도 살아날 길은 있습니다. 아픔과 슬픔, 그리고 외로움을 눈치채는 이들이 있기 때문입니다.

"그럼 여그서 그냥 우리랑 살자."***

슬픔과 외로움 속에서 허우적대던 영란에게 건넨 이 한마디 말이 영란의 인생을 조금 바꿉니다. 그렇습니다. 아파본 이가 아픈 걸 압니다. 슬픔을 겪어본 이가 슬픔의 깊이를 헤아립니다. 그렇게 내 아픔과 슬픔은 타인의 아픔과 슬픔과 조응합니다. 서로의 마음속 깊은 곳에 자리 잡은 외로움을 살핍니다. 내 안의 그 비참한 감정을 외

*** 공선옥, 위의 책, 61쪽.

면하지 않고 직시하고 응시할 때, 타인의 비참함이 눈에 들어옵니다. 슬픔과 외로움도 마찬가지입니다. 눈물샘이 수맥이 되어 서로를 그렇게 이어줍니다.

자기만 아는 이기적인 인간도 있지만, 한없이 이타적인 인간도 있습니다. 타인의 고통을 외면하기 바쁜 인간도 있지만, 그 고통을 차마 외면할 수 없어 함께 아파하는 인간도 있습니다. 슬픔과 외로움에 허우적대는 인간을 구원해내는 존재 역시 슬픔과 외로움을 겪어본 사람입니다. 바로 그런 사람이 있기에, 눈물샘을 퍼먹고 살아가야 하는 운명에 처한 인간도 살 수 있는지도 모릅니다. 그래서 이렇게 말할 수 있을 겁니다.

"슬픔이 슬픔을 알아보고, 외로움이 외로움을 품는다." 라고 말입니다.

> 웃으라고
> 한 말인지,
> 우습게 보고
> 한 말인지

조남주

『82년생 김지영』

그거, 농담 아니거든!

농담(弄談)의 사전적 의미는 장난으로 하는 말입니다. 실없이 하는 우스갯소리이니 웃으라고 하는 얘기입니다. '남을 웃기려고 일부러 하는 우스운 말이나 짓'이란 뜻의 익살, '익살스러우면서도 풍자적인 말이나 짓'이란 뜻의 해학과는 비슷하면서도 결이 좀 다릅니다. 보통 어떤 말을 한 뒤에 상대방에게 "농담이야."라고 표현하지만 "익살이야."라거나 "해학이야."라고 말하지는 않기 때문입니다.

그런데 농담은 때와 장소를 가려야 하고, 특히나 한 마디 농담 때문에 상처받는 이들이 없는지 살펴야 합니다. 누군가에게 "농담이야."라고 굳이 설명을 해야 하는 상황은 보통 상대방의 기분을 상하게 했을 가능성이 높기 때문입니다. 만약 누군가에게 상처를 주고 상대방의 낯빛을 흙빛으로 변하게 하는 농담이라면 안 하느니만 못한 것이 됩니다.

농담이었다며 혹은 친근감의 표시라며 상처가 되는 말을 아무렇지도 않게 하는 이들은 상대방이 기분 나빠하면 "농담 한마디에 왜 화를 내냐", "웃자고 한 소리에 죽자고 덤빈다"는 말로 도리어 화를 냅니다. 자신이 뱉은 말이 언어폭력이었다는 걸 모른 채 말이죠.

보통 이런 농담을 스스럼없이 하는 이들은 서열이 높거나 권력을 가지고 있습니다. 자기보다 지위가 높은 이에게는 저급한 농담을 입에 담지 않습니다. 이들은 남들의 기분을 상하게 한다는 것을 알면서도 개의치 않습니다.

이것이 『82년생 김지영』에 나오는 "웃으라고 한 말인지, 우습게 보고 한 말인지"라는 짧은 문장에 깊게 공감한 이유입니다. 클라이언트와의 식사 자리에서 강된장을 주문한 김지영 씨는 고객 회사의 대표에게 "젊은 사람이 강된장을 먹을 줄 아네? 미스 김도 된장녀였어? 허허허허허."란 말을 듣습니다. '된장녀'라는 여성혐오 발언을 농담이랍시고 입에 올린 겁니다. 그걸 듣는 주위 사람들은 웃습니다. 대표가 웃으니 부하 직원들도 웃고, 갑이 웃으니 을도 웃을 수밖에 없습니다. 강된장을 주문했다는 이유 하나만으로, 김지영 씨는 웃음거리가 되어 버립니다.

그런데 만약 그 회사의 대표가 자기보다 높은 권력을 갖고 있는 사람에게 저런 농담을 할 수 있을까요? 절대 못할 겁니다. 대표는 김지영 씨를 우습게 본 겁니다. 자기보다 나이도 어리고 자신이 대표로 있는 회사에서 일을 맡긴 회사의 직원이고 더구나 여성이기에 저런 농담을 한 겁니다. 어떤 농담을 하던 다 받아 주리라는걸, 아니 받아 줘야만 한다는 걸 알고 있어서입니다. 자기가 웃으면 밑에 있는 직원들이 다 따라 웃으리라는 걸 알고 한 짓입니다. 자신의 권력을, 자신이 갖고 있는 힘의 정도를, 그 자리에 있는 누구보다 더 많은 힘을 갖고 있는 것을 자각하고 한 짓입니다.

설혹 몰랐다고 하더라도 문제입니다. 공감능력이 현저히 떨어지는 '공감 지체(遲滯)'이기 때문입니다. 다른 이의 상황을 굳이 살펴보지 않아도 된다는 권력자는 공감 능력이 떨어집니다. 자기 생각이 옳다고 믿고, 남보다 더 많은 경험을 쌓았고 어떤 난관도 극복했다고 자부하는 오만함을 갖고 있기 때문입니다. 권력이 많을수록 이런 공감 능력이 부족합니다.

안타깝게도 공감능력이 없는 사람이 많습니다. 상처가 되는 말을 던지면서도 그 말이 상대방에게 상처인지조차 모르는 사람이 꽤 많습니다. 자기 딴에는 농담이라고 지껄이는 말이 듣는 이에게는 너무나 큰 상처로 다가가는 경우가 많습니다. 이런 사람들은 농담의 대상이 된 상대방이 불편한 기색을 보이거나 표정이 굳으면 그걸 견디지 못합니다. 자기는 가벼운 농담을 했을 뿐인데 상대방이 너무 예민하거나 민감해서, 마음이 배배 꼬여서, 만사에 부정적이어서, 농담을 농담으로 듣지 못한다면서 화를 냅니다. 자기 잘못은 쏙 빼놓고 아니 잘못했다는 생각조차 못한 채, 자신의 말에 상처 입은 사람에게 2차 가해를 하는 것입니다.

이런 사람들은 자신은 높이고 남은 깔봅니다. 그러기에 저런 말을 아무렇지도 않게 하는 겁니다. 특히나 약한 고리는 기가 막히게 알아봅니다. 한국 사회의 직장에서 약한 고리는 하위직과 비정규직, 그중에서도 여성입니다. 여성이 많은 부서에서 '화사하다'거나 '꽃밭이다'란 말을 칭찬이랍시고 해대고, 회식 자리에서는 "술은 여자가 따라야 제맛이지"란 밥맛, 술맛 다 떨어지는 말을 내뱉습니다. 관심을 표명한다며 "오늘 예쁜데"라면서 외모와 화장을 품평하고, 칭찬을 가장한 추파를 던지고 지분거립니다. 그 여성이 정색을 하면 "농담이야"란 말로 넘어가려 합니다. '농담'이란 단어, 참 고생이 많습니다.

말은 인격입니다.
농담이랍시고 남의 인격을 무시하는 사람의 인격까지 존중하고 싶은 생각, 없습니다. 남을 우습게 보는 사람을 우습게 봐주려고 합니다. 특히 자신이 가진 권력으로 남을 짓누르려고 하는 사람을, 언어폭력을 행사하면서도 그게 폭력인지조차 모르는 사람을, 사람에게 '충'이나 '녀'라는 혐오의 단어를 아무렇지도 않게 붙이는 이들을, 성찰과 염치란 단어의 뜻을 모르는 사람을, 저는 우습게 보려 합니다.
답답한 현실 앞에서 가끔이나마 시원하게 숨 쉴 수 있는 최소한의 방어책입니다.

세상에서 제일
무서운 사람은…
사라질 것 같은
사람이래요

김애란

『두근두근 내 인생』

이별, 그 두려움에 대하여

이별을 예감할 때가 있습니다.

사랑하던 이가 의도했든, 의도하지 않았든 시그널을 계속 보내올 때가 있습니다. 하루가 멀다 하고 울려대던 휴대전화 메시지가 잠잠해지고, 안부를 묻는 일이 잦아들고, 서로 나눴던 대화 내용을 기억하지 못하고, 표정을 살피기보다는 딴청 피우는 일이 잦아지고, 둘만 있는 시간을 어색해하고 불편해하고, 마음에 상처를 주는 말들을 무심하게 내뱉고, 대화 시간이 줄어들고, 얽힘보다는 엇갈림의 시선이 많아지고, 내 하루를 궁금해하지 않고, 싸우지는 않지만 왠지 모를 거리감이 확연히 느껴지고….

그렇게 이별을 예감할 때가 있습니다. 그러나 그 시그널을 외면합니다. 대수롭지 않게 여깁니다. '별거 아닐 거야', '오늘 컨디션이 안 좋아서 그럴 거야' 스스로를 타이르며 상대방의 이상한 행동을 애써 이해하려 합니다. 왜 그러느냐고 묻는 것 자체가 두렵습니다. 그 말을 내뱉는 순간 이별이 성큼 다가올 것을 알기에 그렇습니다. 나에 대한 무관심이 두렵고 그가 보내는 신호가 무섭습니다. 이별은, 유예될 수는 있어도 언제든 반드시 찾아오기 때문입니다.

마음의 준비를 합니다.

떠날 사람이라 규정짓고 정리를 하려 합니다. 상대방의 마음을 확인하기 위해 '거리두기'를 시도합니다. 연락 없는 이에게 맞불을 놓으려 합니다. 연락을 먼저 하지 않는 것으로요. 실패합니다. 두려워하는 사람이 먼저 연락하게 되어 있습니다. 잃을 게 많은 사람이기 때문이죠. 거리두기는 상대방이 느끼는 나와의 거리가 한없이 멀다는 것을 확인하는 것밖에 안 됩니다. 이때부터 조급해지기 시작합니다.

조급해지는 순간, 사랑한다는 고백을 시시때때로 하게 됩니다. 고백은 가로막힙니다. 유리벽이 존재하는 것처럼 상대방이 보이기는 하나 고백은 가닿지 못하고 번번이 가로막힙니다. 할 말은 많으나 모두 갈 곳 잃은, 닿을 곳 없는 말들뿐입니다. 이때부터 더 조급해집니다. 만남 자체가 두려울 때도 생깁니다.

마음의 흔적을 지우려는 듯 그동안 상대방이 해왔던 말과 행동에 의미 부여를 하지 않으려 합니다. 상대방이 내 기대와는 달리 행동한다고 해서 서운해할 필요가 없다, 사람은 변하고 사랑도 변하기 때문에 상대방은 자기감정에 충실할 뿐이다, 문제는 그 감정을 부여잡고 있는 나다, 자유롭고 독립적인 존재가 서로 만나 사랑한 것 자체가 대단한 일이다, 역시 자유로운 존재가 스스로의 의지로 떠나려는 것도 자유다, 이별은 언제고 닥쳐오니 크게 무서워하지 말자, 따위의 말들을 주절거리기 시작합니다. 이별의 아픔을 상쇄하려는 자기합리화입니다.

하지만 압니다. 아무리 그런 합리화를 한다고 해서 이별의 슬픔과 아픔이 상쇄되지 않는다는 것을요.

이별은 준비한다고 해서 그 아픔이 덜해지지 않습니다. 이별을 예감한다는 건 나중에 올 이별을 미리 체감하는 것과 같습니다. 부질없는 희망의 끈을 놓지 않으려고 하면서 말이죠. 상실과 의심, 질투와 미움, 슬픔과 아픔, 미련과 체념, 위선과 위악, 분노와 짜증 등 결코 느끼고 싶지 않은 감정을 느낍니다. 그런 감정에 파묻혀 헤어 나올 수 없는 지경에 이릅니다. 모든 일에 예민해지고, 불안해집니다. 영혼은 잠식당하고, 그 사이에 이별은 더 가까워집니다.

아무리 준비한다고 해도 이별은 피할 수 없습니다. 이별에 뒤따라오는 상실을 피할 수 없습니다. 예감되지 않은 이별은 어떨까요? 이 또한 힘들긴 마찬가지입니다. 마음의 준비가 하나도 되어 있지 않은데, 마음을 추스를 여유도 없었는데, 어제는 사랑한다고 고백하던 이가 오늘은 헤어짐을 얘기할 때, 어제 웃고 떠들던 이가 오늘 갑작스러운 사고로 곁을 떠났을 때 느끼는 상실의 감정은 말로 표현할 수 없을 정도로 강합니다. 이별은 예감하든 그렇지 않든, 결국 힘듭니다.

곁에 머물던 사람이 사라질까 봐 두려워합니다. 사랑하던 사람의 부재(不在)는 무섭습니다. 왜일까요? 사랑의 상실이 자아의 상실 같은 강도로 다가오기 때문입니다. 전처럼 살아갈 수 없을 것만 같습니다. 익숙하던 모든 것이 갑작스럽게 낯설어집니다. 낯선 시간, 낯선 공간, 낯선 사람, 그리고 낯선 자신까지. 낯섦을 마주해야 한다는 게, 절대 피할 수 없다는 게 두렵습니다.

사랑하는 사람을 잃고 살아가야 한다는 것도 두렵습니다. 곁에서 사라진 사람이 남긴 흔적은 몸과 마음 곳곳에 남아있는데도 그걸 잊고 살아가야 한다는 사실이 두렵습니다. 사랑하던 사람에게 나란 존재가 별 흔적을 남기지 못한 건 아닐까 하는 생각 때문에도 두려워합니다. 나만 사랑한 것 같아 두렵습니다. 사랑하던 사람이 나를 미워할까 봐 두렵습니다. 함께 사랑하던 시간을 상처와 아픔으로만 기억할까 봐 두렵습니다. 아니 아무것도 아닐까 봐 두렵습니다. 이래도 두렵고, 저래도 두렵습니다. 두려워서 떨립니다. 두려운 감정에 휩싸여 몸이 떨리고 마음이 떨립니다.

이별을 예감한다는 것은 두려운 떨림을 미리 경험해야 한다는 것입니다. 이별한 후에는 다른 차원의 떨림을 마주해야 합니다. 그래서 사라질 것 같은 사람이 제일 무섭다는 말에 공감할 수밖에 없습니다. 특히나 영원한 부재(不在)인 죽음 앞에서 두려움의 강도는 더욱 짙어질 수밖에 없습니다.

사랑이 떨림이듯 이별도 떨림입니다. 떨림의 결은 다르지만 떨리는 건 마찬가지입니다. 사랑이 낯섦에서 익숙함으로 향하는 과정에서 느껴지는 설렘의 떨림이라면, 이별은 익숙함에서 낯섦으로 밀려나오는 과정에서 느껴지는 상실의 떨림입니다. 떨림은 매번 같지 않습니다. 사랑할 때마다 익숙해지지 않듯, 이별할 때마다 익숙해지지 않습니다.

익숙해지지 않는 낯선 떨림. 그 떨림이 무척 두렵습니다.
이별의 떨림은 언제나 두려움을 동반하기 때문입니다. 그래도 그 두려움을 받아들이렵니다.
두려워야 사랑이라고, 사랑했다고, 말할 수 있을 테니까요.

> 난 지금까지
> 살아 있는 척
> 했는지도 몰라

이라키 신지
『신세기 에반게리온 3』

'척'하며 살기의 외로움

　아침 출근길. 자리에 앉지 못하고 서서 올 때면 앉아있는 사람들의 얼굴을 살펴보곤 합니다. 찡그린 채, 또는 옅은 미소를 띤 채 휴대폰을 들여다보고 있는 사람이 제일 많이 눈에 띕니다. 입을 벌리고 머리를 뒤로 한 채 자고 있는 아저씨도 보이고, 긴 머리에 고개를 수그리고 자고 있어 얼굴이 안 보이는 여성도 있습니다. 화장을 손보는 여성도, 주위를 둘러보다 저랑 눈이 마주치는 노인도 보입니다. 프린트물을 훑어보는 학생인 듯한 젊은이, 창밖을 내다보는 중년 여성도 보입니다. 누군가의 전화를 공손히 받으며 업무 얘기를 하는 30대 정도의 남성도 간혹 눈에 띕니다.

　얼굴이 다르듯, 각자 짓는 표정도 다릅니다. 볼 때마다 궁금해집니다. 과연 그들이 지금 짓는 얼굴이 맨얼굴일까? 가끔 그렇게 물끄러미 바라보다 눈이 마주칠 때가 있습니다. 그럴 때면 대부분 표정이 바뀝니다. 그때 그들의 표정에서 가장 많이 느껴진 건 '경계'였습니다. '왜 쳐다봐'란 한마디 말로 요약할 수 있겠네요. 하긴 저라도 그럴 겁니다. 아침부터 누군가가 자기를 더구나 부지불식간에 쳐다보고 있는 걸 느끼면 경계할 겁니다. 더구나 일종의 무장해제 상태로 있었으니 경계할 법도 하죠. 저는 그런 경계의 표정을 볼 때면, '눈을 마주치기 전까지는 맨얼굴이었구나.' 하는 생각이 듭니다. 저도 모르게 상대방의 맨얼굴을 본 겁니다. 맨얼굴은 대부분 '멍한' 얼굴입니다.

살면서 가면을 써야 할 때가 많습니다. 아니 어쩌면 자는 시간과 집에서 편안히 쉬고 있는 시간을 제외하고는 항상 가면을 쓰고 있는지도 모릅니다. '척'하며 사는 겁니다. 회사에서는 열심히 일하는 척, 과중한 업무가 주어져도 짜증 나지 않은 척, 시시껄렁한 직장 상사의 농담을 듣고 재미있는 척, 비위가 상하는 말을 듣고도 무덤덤한 척, 도통 무슨 소리인지 모르겠는데도 잘 알아들은 척합니다. 누군가 업무상 부탁을 해오면 '내가 이걸 왜 해야 해' 하면서도 상냥한 척에 더해 친절한 척을 보태고, 전문가인 척, 아는 척, 잘난 척을 얹어 가며 살아갑니다.

가면 놀이는 저만하는 게 아닙니다. 장담컨대 대부분의 사람들이 가면 놀이를 합니다. 회사에서 맨얼굴을 보인다면 당장 사단이 날 겁니다. 까다롭고, 신경질적이며, 자기 편한 대로만 행동하는, 별로 상대하고 싶지 않은 사람이 될 겁니다.

사람들과 사적으로 교류할 때도 '척'을 합니다. 여성이 많은 자리에서는 다정다감한 척을 하고, 남성이 많은 자리에서는 센 척을 합니다. 올바른 척, 균형 있는 척, 순한 척, 착한 척, 잘 듣는 척, 흥미로운 척, 배려하는 척, 자상한 척 등등 전 매일 척하며 삽니다. 이제는 뭐가 맨얼굴이고 뭐가 가면인지 모르는 지경에까지 이르렀습니다.

가면 놀이를 하는 이유는 타인의 시선 때문입니다. "남이 날 어떻게 볼까?"에서 시작해 "남에게 괜찮은 사람으로 보여야 할 텐데."라는 불안을 거쳐 "남이 원하는 얼굴을 보여주자."라는 체념의 과정을 한 번 더 거친 다음에 "이왕이면 더 좋게 포장하자."라는 과시에까지 이릅니다. 그래야 편합니다. 나도 편하고 남도 편합니다.

누군가에게 맨얼굴을 보이는 건 위험합니다. 친하고 신뢰할 만한 사람이 아닌 경우에 그렇습니다. 맨얼굴은 아킬레스건과 같습니다. 그래서 경계하고 가면으로 방어막을 치는 걸지도 모릅니다. 물론 누구나 그런 건 아닙니다. 방어막을 칠 필요가 없는 사람, 이를테면 권력이나 금력이 많아 누군가를 짓밟는 일을 자연스럽게 하는 갑질의 주인공들은 맨얼굴로 자신의 권력을 내보이곤 합니다. 그게 폭력인 줄도 모르고 말이죠.

하지만 대부분의 사람들은 가면으로 방어해야 합니다. 상냥한 척 미소를 지어야 합니다. 불행하게도, 그래야 삽니다. 타인의 시선을 감내하고 '척'하면서 살아야 합니다. 그래서 '척'하며 사는 사람들은 어쩌면 살아있는 척을 하고 있는지도 모릅니다. 『신세기 에반게리온』

의 이카리 신지의 말처럼 말이죠.

"죽은 것과 같다? 그럼 난 여기로 오기 전까진 죽은 것과 같은 거였네? 모든 게 다 싫었고 무기력하고 멋대로 되라는 식이었어. 그러면서도 겉으론 착한 아이인 척했지. 난…지금까지 살아있는 척했는지도 몰라."*

자신을 내팽개친 아버지를 원망하는 신지는, 한편으로는 아버지에게 인정받고 싶어 합니다. 그가 에바 초호기를 타는 이유 중 하나도 그 '인정', 아버지에게 잘 보여야겠다는 마음 때문이었습니다. 오로지 에반게리온을 타야만 아버지는 물론 다른 사람들에게 인정받을 수 있는, 자신의 존재 이유를 확인받을 수 있는, 그 피하고픈 현실에서 그는 가면을 쓰고 사람들을 대합니다. 외롭지 않은 척, 괜찮은 척, 착한 척, 말 잘 듣는 척, 무섭지 않은 척, 대담한 척, 무덤덤한 척하면서 말이죠.

그런 그가 맨얼굴을 보입니다. 에바 0호기를 타는 레이에게 말이죠. 레이는 결전을 앞두고 신지에게 "난 에바를 타기 위해 태어난 것과 같아. 만약 에바의 파일럿을 그만두게 된다면 내게 남는 건 아

---

* khara.GAINAX, 그림 Yoshiyuki Sadamotl, 『신세리 에반게리온 3. 하얀 상처』(대원씨아이, 1997), 122쪽.

무것도 없어. 그건 죽음과도 같아."** 라고 말합니다. 그 대답이 저 위의 문장입니다. 자기는 이미 죽은 것과 같았고, 살아있는 척했는지도 모른다는….

사회 속에서 살아가는 인간은, '평판'이란 말로 압축할 수 있는 타인의 시선에서 자유롭지 못합니다. 그렇게 타인의 시선 안에서 살아가지만, 때로 무척 버거운 것도 사실입니다. 가면을 자유자재로 바꿀 수 있는 사람은 자존감이 높아서 그럴 수 있지만, 그게 힘든 사람도 분명 있습니다. 대체 언제까지 이 가면 놀이를 해야 하는 건지, 가면을 벗을 날이 오기는 오는 건지, 아니 사실은 가면을 썼는지조차 모른 채 사람들은 타인의 시선을 경계하고, 그 안에서 자족하며 살아갑니다. 평판을 신경 쓰며, 가면을 바꿔가면서, 살아 있는 척하면서 살아갑니다. 괴로운 일입니다.

사도와의 결전이 끝난 뒤 신지는 레이에게 이렇게 말합니다.
"레이. 이제 어떠한 일이 있어도 '마지막이야'라는 말은 하지 말자. 지금 우리들에겐 에바에 탑승하는 것 이외엔 아무것도 없을지도 모르지만…그렇지만…살아있기만 한다면 언젠간 반드시 살아있길 잘했다고 느낄 날이 올 거야. 그게 아주

**   khara.GAINAX, 그림 Yoshiyuki Sadamotl, 위의 책, 121쪽.

먼 훗날일지도 모르지만… 하지만 그때까진 살아있자."***

신지는 레이에게 맨얼굴을 보이면서 평온한 감정을 느낍니다. 짐작건대 그 순간만큼은 '살아있는 척' 아니라 '살아 있는' 상태였을 겁니다. 자신의 맨얼굴을 봐줄 수 있는 누군가가 있다는 사실 덕분에 우리는 가면 놀이를 반복하면서도 살아갈 수 있는 건지도 모르겠습니다.

괜찮은 척, 잘 사는 척, 잘 지내는 척, 아프지 않은 척, 그립지 않은 척, 외롭지 않은 척, 별일 아닌 척, 무감한 척, 잘 견디고 있는 척, 상냥한 척, 친절한 척, 모르는 척. 그 수많은 '척'은 스스로를 소외시킵니다. 스스로를 외로움 속으로 밀어 넣습니다. 다른 사람을 대하기는 편할지 모르지만 '나'를 잃어버리는 것 같아서, 내 얼굴을 잃어버리는 것 같아서, 타인의 시선에 맞춘 나만 존재하는 것 같아서, 더 외롭습니다.

하지만 그 외로움 달래줄 누군가가 있다면, 그 누군가를 뭐라고 부르든 간에 내 맨얼굴을 봐줄 누군가가 있다면, 살아있길 잘했다고 느낄 날이 올지도 모릅니다. 괜찮지 않아, 견디기 싫어, 힘들어라는 말과 함께 그 누군가의 어깨에 기댈 수만 있다면 말입니다.

*** khara.GAINAX, 그림 Yoshiyuki Sadamotl, 위의 책, 166~167쪽.

그래서 사람들은 사랑을 하나 봅니다.

> 들어가도
> 된다고
> 말
> 해
> 줘

욘A. 린드크비스트

『렛미인』

제발, 날 들여보내줘

앙 다문 입술 사이를 비집고 흘러나오는 작은 흐느낌이 들렸습니다. 어떤 틈도 보이지 않을 만큼 강해 보이지만 사실은 무언가를 참고 있는 듯 입술을 앙 다물고 있었을 뿐이었습니다. 누군가의 마음속으로 들어가기를, 누군가를 들이기를 원하지만 그런 용기를 낼 수 없습니다. 입술을 앙 다물었음에도 어쩔 수 없이 신음소리는 배어 나옵니다. '혼자'라는 건 그런 것인지도 모릅니다.

딱딱한 갑옷으로 가리고 있어 안전해 보이지만 안에서부터 녹아내리는 살갗을 잔상처럼 엿보았습니다. 사람에게 상처를 주고받기 싫어서 온몸에 갑옷을 두릅니다. 누구에게도 곁을 주지 않습니다. 아니 곁을 줄만한 여유도 염치도 없습니다. 사람을 믿을 수가 없고 자신도 믿을 수가 없습니다. 사람에게 받은 상처가, 사람에게 준 상처가, 그걸 방증합니다. 그래서 두꺼운 갑옷으로 몸에 남아있는 흉터를 가립니다. 머리카락 한 올 들어갈 틈이 없도 꽁꽁 싸맵니다. 하지만 그 안의 몸은 이미 무너져 내리고 있습니다. 녹아내리고 있습니다. '외롭다'는 건 그런 것인지도 모릅니다.

"나 들어가도 되니? …들어가도 된다고 말해줘."

욘 A. 린드크비스트, 『렛미인』

'혼자'인 걸 견딜 수가 없어 '외롭다'고 말하기조차 힘겨울 때, 외로움 속에서 건져줄 누군가가 나타났을 때 말합니다. 네 마음속으로 들어가도 되냐고, 제발 들어가도 된다고 말해달라고. 한기가 느껴지는 그로테스크한 이야기를 품고 있던 욘 A. 린드크비스트의 『렛미인』(2010)은 읽기가 쉽지 않았습니다. 텍스트를 읽는 건 별로 어렵지 않았지만, 그 안의 이야기가 삶의 은유처럼 느껴졌기 때문입니다. 책장을 잠시 덮고 생각하는 시간이 많았습니다. 그 중에서도 저 문장은 갖가지 상념을 떠올리게 만들었습니다.

어느 날, 한 소년에게 소녀가 나타납니다. 보이기 시작합니다. 호기심이 일어납니다. 말을 겁니다. 대화를 나눕니다. 이상한 낌새를 채지만 그건 중요하지 않습니다. 소녀와 대화를 나누고 같이 놀 수 있다는 것이 더 중요합니다. 소녀에게도 느닷없이 소년이 나타났습니다. 말을 걸어오는 소년에게 답을 합니다. 소년과 함께 노는 건 재미있습니다. 집에 들어가서도 소년이 알려준 모스부호로 대화를 나눕니다.

"서로 만나는 것, 그것은 서로 발견하는 것이었다."*라는 문장처럼 그들은 그렇게 서로를 발견했습니다.

　누군가를 만나고 서로를 발견하는 건 기쁜 만큼 두려움을 안겨줍니다. 타인을 마음에 들이는 건 위험을 감수해야 하는 일입니다. 감추고 싶은 내 치부를 드러내야 하는 순간이 오기 때문입니다. 어렵게 마음에 들인 사람이 치부를 보고 떠날까 두렵습니다. 있는 그대로인 나를 사랑해주면 좋으련만 쉽지 않다는 걸 알기에 더 두렵습니다.
　타인의 마음속에 들어가는 것 역시 두렵긴 마찬가지입니다. 외로움에 허덕이다 너무 절박해 그의 마음을 두드려 들어가긴 했습니다만, 그 사람이 언제든 나를 내칠까 걱정됩니다. 그 사람이 내가 생각하던 사람이 아니면 어쩌나 두렵습니다. 그 사람이 숨기고 싶어 하는 비밀을 알게 될까 봐 그 비밀을 알고 나서도 쉽게 떠나지 못한다는 걸 알기에 두려움은 더 커집니다.

　그럼에도 불구하고 둘은 서로를 마음에 들였습니다. 거두려 해도 멀어지려 해도 서로에게 기대는 두 사람을 저는 보고야 말았습니다. 엘리와 오스카르, 바로 그 두 사람을 말이죠.
　"들어가도 된다고 말해줘."란 말이 제게는 "내 안에 널 들이고 네

---

*　　빅토르 위고, 정기수 옮김, 『레미제라블 2』(민음사, 2012), 233쪽.

안에 날 들여줘. 제발."과 같이 들립니다. "살려줘."라는 말로도 들립니다. 철저히 혼자였기에 더 애틋하고 처연하게 들립니다. 내 앞에 있는 이 사람을 결코 놓치지 않겠다는 결기마저 느껴집니다. 사람을 마음에 들이면 상처를 받기도 하지만 어쩌겠습니까. 길이 하나밖에 없을 때도 있습니다. 그럴 때는 사람을 들이고 들어갈 수밖에 없습니다.

이들의 만남에 운명이나 숙명을 언급할 필요는 없습니다. 이야기가 끝나고 과연 그들이 행복하게 살았을까를 생각하는 것 또한 부질없습니다. 지금 이 순간만큼은 서로의 존재 때문에 살아갈 힘을 얻고 서로에게 꼭 필요한 존재가 되었다는 것에 집중합니다. 절대적인 고독과 어찌하지 못하는 최악의 조건에도 서로를 그리워하는 마음을 체념하지 못했다는 사실이 중요할 뿐입니다.

두려움에서 생기는 척력보다는 외로움에서 생겨나는 인력이 더 강해서 그랬는지도 모르겠습니다. 어찌 됐든 마지막 책장을 덮고 난 뒤에 『레미제라블』에 나오는 "인생 최고의 행복은 사랑을 받는다는 확신"[**]이라는 문장이 저절로 떠올랐습니다. 이 말처럼 엘리와 오스카르는 그 어느 때보다 행복한 순간을 맞이한 것 아닐까요.

오늘도 사람들은 누군가를 들이고, 누군가의 마음속에 들어가

[**] 빅토르 위고, 정기수 옮김, 『레미제라블 1』 (민음사) 300~301쪽.

고 있을 겁니다. 때로는 누군가를 들이지 못해 애를 태우고 누군가의 마음속에 들어가지 못해 한숨짓는 이들도 있을 겁니다. 한번 들어간 마음속에서 벗어나지 못해 발버둥 치는 이도 있을 테고, 마음속에 들어온 이가 다시 나갈까 봐 가슴 졸이는 이도 있을 겁니다.

누군가를 들이는 건 상처가 되기도 하지만 상처를 아물게도 합니다. 살아있는 동안 누군가를 들였을 때, 누군가에게 들어갔을 때 느꼈던 희열을 오래 기억하려 합니다.

'똑똑똑' 하고 마음의 문을 두드리던 설렘과 함께 말입니다.

*삶의 모든 측면에서
익명성을 지키는 것이
나의 욕구인 것이다*

슈테판 츠바이크

『어제의 세계』

가끔 외로움이 나을 때가 있다

'아거'는 필명입니다. 필명을 쓰게 된 특별한 이유나 계기는 없었습니다. 실명으로 쓰고 책으로 펴냈던 글과는 성격이 다른 온전한 저만의 글을 쓰고 싶었고, 그러기 위해서는 실명보다는 필명이 나을 듯했습니다. 새로운 시작이라고나 할까요? 필명으로 글을 쓰니 미처 몰랐던 장점이 있었습니다. 바로 익명성의 자유입니다.

필명을 쓰고 난 뒤 어떤 이는 뒤로 숨는 이유가 있을 것이다, 뭔가 구린 게 있을 것이다, 라는 식으로 말하기도 합니다. 당당하게 자기 이름을 밝히고 글을 써야 하지 않냐고 합니다. 저는 다르게 생각합니다. 필명이든 실명이든 글에 대한 책임은 온전히 글쓴이에게 있습니다. 실명이든 필명이든 자아는 분리되지 않습니다. 다만 글을 쓰고 책으로 엮어냈을 때의 삶의 공간과 일상적인 생활을 누리는 영역이 분리될 뿐입니다. 우연찮게 쓰게 된 필명을 고집하는 이유는 개인적인 생활에서의 자유를, 개인적 삶을 보장받고 싶기 때문입니다.

실명과 필명으로 삶의 공간이 구분되면 이름에 따른 관계도 구분됩니다. 실명을 아는 이와의 관계는 선명합니다. 사적인 관계든 공적인 관계든 상대방이 제 실명을 알고 있고, 저 역시 상대방의 실명을 알고 있다는 점에서 그렇습니다. 공적인 관계라 할지라도 제 사생활을 노출시킬 수밖에 없습니다. 하지만 책을 통해 필명을 알게 된 이와의 관계는 희뿌연 합니다. 제가 쓰는 글을 통해서만 저를 알 수 있습니다. 무엇보다 제가 상대방을 잘 모를 수밖에 없는 구조이기 때문에 희뿌연 한 관계가 이뤄집니다.

필명으로 맺어진 관계는 공적일 수밖에 없지만, 제 내밀한 기록인 글을 읽었다는 점 때문에 지극히 사사롭습니다. 내면을 말보다는 글로 표현해온 숨겨진 제 속마음을 가장 잘 알고 있는 건, 어쩌면 필명으로서의 저를 알고 있는 이들일지도 모릅니다.

필명을 쓰기 전과 후의 삶에는 분명한 변화가 있었습니다. 사생활의 비밀이 어느 정도 보장되었고 무엇보다 글쓰기가 자유롭다는 게 가장 크게 달라진 점입니다. 관계를 맺고 있는 사람들의 눈치를 보지 않고, 제 글이 누군가에게 상처가 될 수 있다는 염려도 줄었습니다. 글에 대한 책임을 온전히 느끼며 쓰는 글은 자유로웠습니다. 익명성의 자유를 되도록 오래 지키고 싶다는 욕구가 일기 시작했습니다. 그리고 슈테판 츠바이크의 문장을 통해서 제 욕구를 재확인할 수 있었습니다.

"삶의 모든 측면에서 익명성을 지키는 것이 나의 욕구인 것이다."

슈테판 츠바이크, 『어제의 세계』*

성공한 전기 작가이자 극작가이고 또 소설가이기도 한 슈테판 츠바이크는 익명성을 지키는 것이, 자신의 욕구라고 말합니다. 이미 이름이 알려져 익명성을 지킬 수 없는 사람인데도 말이죠. 그래서 그는 다시 시작할 수 있다면 필명을 사용할 것이라고 얘기합니다.

"만약 내가 오늘날 다시 한번 시작할 수 있다면, 별도로 새로 고안한 이름으로 즉 필명으로 작품을 발표함으로써 문학적 성공과 개인적 익명성이라는 두 개의 행복을 이중으로 맛보기를 열망할 것이다. 이중생활을 하게 된다면 생활 그 자체도 벌써 매력에 차 있고 놀라움에 가득 차 있는 것이 될 것이므로 얼마나 좋을 것인가!"**

실제로 이런 식의 이중생활을 한 소설가가 있었죠. 프랑스의 소

---

*   슈테판 츠바이크, 곽복록 옮김, 『어제의 세계』 (지식공작소, 2014), 410쪽.

**   슈테판 츠바이크, 위의 책, 410쪽.

설가 로맹 가리입니다. 성공한 소설가였지만 자신에게 씌워진 일정한 틀을 깨려고 그는 에밀 아자르란 필명을 사용해 『자기 앞의 생(生)』을 발표합니다. 이 책으로 로맹 가리는 1956년에 이어 1975년에 공쿠르상을 받게 됩니다. 한 작가에게 두 번 이상 상을 주지 않는 원칙이 있었지만, 당시에는 에밀 아자르가 누구인지 몰랐기에 상을 받게 된 것입니다. 1980년 자살한 로맹 가리가 유서처럼 남긴 글 〈에밀 아자르의 삶과 죽음〉이 나오고서야 로맹 가리와 에밀 아자르가 동일인임이 밝혀집니다.

슈테판 츠바이크는 "아주 어린 시절부터 나에게는 자유롭고 독립적이어야 한다는 본능적인 소망보다 더 강한 것은 없었다."[***]라고 말한 바 있습니다. 그러나 그는 자유와 독립이 허용되지 않는 시대에 살았습니다. 잘나가던 전기 작가이자 소설가였지만 그는 유대인이라는 이유로 태어나고 자란 오스트리아 빈을 떠나 떠돌아야 했습니다. 작가였기에 자신의 생각과 사상을 자유롭게 글로 옮기고 책을 냈지만 그의 책은 금서가 되었습니다. 여기에 독일이 오스트리아를 침공할 기미를 보이자 그는 빈을 떠나 영국으로, 마침내 브라질로 망명했고, 1942년 아내와 함께 자살로 생을 마감합니다.

[***] 슈테판 츠바이크, 위의 책, 409쪽.

자유롭고 독립적인 인간을 꿈꾸고 몽테뉴와 에라스무스 등 인문주의자를 존경했으며 다른 의견을 가질 권리를 존중했던 그는, 책을 불태우고 인간마저 불태운 나치즘의 광기가 유럽을 휩쓰는 걸 절망한 상태에서 지켜봐야 했습니다. 자유롭고 독립적이어야 한다는 본능적인 소망이 한꺼번에 좌절된 것이죠.

자유롭고 독립적인 인간. 저는 이를 주제로 『불온한 독서』(새물결플러스, 2017)란 책을 펴냈습니다. 개인의 자유와 독립을 침해하는 여러 억압기제를 밝혀내는 작업이었습니다. 그 원고를 쓰면서 제가 느낀 건 생각보다 개인의 자유와 독립을 해치는 요소들이 너무 많다는 것이었고, 그 중 하나가 과도하게 개인의 사생활을 들추고 여론 재판을 통해 인간을 철저하게 파괴하는 일들이 자주 나타난다는 것이었습니다. 광장으로 나오고 싶어 하지 않은 이를 광장에 세워놓고 돌팔매질을 하는 것과 같습니다.

그런데 따지고 보면 우리의 일상생활에서도 이런 일이 일어나곤 합니다. 사람들은 외롭습니다. 그래서 다른 이들과 관계를 맺으며 살아갑니다. 실생활에서도 그렇고 소셜네트워크서비스(SNS)를 통해서도 그렇습니다. 하지만 가끔 그 관계가 버거울 때가 있습니다. 동굴 안으로 숨고 싶을 때가 있습니다. 더 이상 사람들의 입길에 오르내리지 않았으면, 더 이상 사생활이 사람들에게 회자되지 않았으면, 더 이상 숨기고 싶은 과거를 들춰내지 않았으면, 사생활이 인터넷상에 공개되지 않기를 바랄 때가 있습니다.

누군가와 관계를 맺었다는 이유만으로 개인의 자유와 독립을 침해하는 경우가 상당히 많습니다. 나이와 결혼 유무, 사는 동네, 집 크기와 전세인지 자가인지 등등 개인이 지키고 싶어 하는 비밀을 사람들은 너무나 쉽게 물어보고 답을 원하곤 합니다. 그럴 때는 사람들과의 관계를 끝내고 싶다는 생각이 듭니다. 또 SNS와 인터넷 공간에서 자기 이름을 검색해보면 어렵지 않게 자신이 인터넷상에 혹은 SNS에 올린 글이나 프로필, 때로는 사진까지 줄줄이 엮여 나옵니다. 익명성은 그렇게 파괴됩니다.

외로울 때는 누군가가 그립다 가도, 삶의 영역이 과도하게 침범당하면 외로움을 택하기도 하는 게 사람입니다. 삶의 모든 측면에서 익명성을 지키는 것은 불가능한 일인지도 모릅니다. 하지만 적어도 개인이 허락하지 않은 사생활의 영역을 지키고는 살아야 하지 않을까 합니다. 자유롭고 독립적인 인간으로 살기 위해선 말이죠.

때로는 외로움과 고독이 나을 때가 있습니다.
이것이 익명성의 자유를 되도록 오래 누리고 싶은 이유입니다.

2장 매듭

　결실과 상실을 안겨주는 누군가와의 관계 맺음은 마음에 흔적을 남깁니다.
　기쁨과 설렘, 후회와 회한, 상실과 허전함, 쓸쓸함과 서러움, 질투와 분노 같은 감정에 휘둘리는 시간이 지나면 문득 마음속에 어떤 흔적이 남아 있음을 깨닫습니다. 일단락되지 않은 감정에 출렁거리다 간신히 닻을 내렸을 때 마음에 남은 흔적이 매듭이 되었음을 눈치채는 겁니다.

　특히 누군가와의 관계를 끝맺음했을 때 생긴 상처로 맺어진 매듭은 풀길이 없어 보입니다. 어쩌면 풀지 않는 게 나을지도 모릅니다. 한 시기가, 한 관계가 일단락되어야 다시 시작할 수 있기도 하니까요.

　동아줄에 매듭을 지어놓으면 미끄러지지 않고 잘 올라갈 수 있듯 마음속 매듭은 남은 인생을 살아가는 데 도움을 줍니다. 관계 맺음을 통해 지어진 매듭이 내면을 성장시키고 마음을 튼튼히 만듭니다. 일종의 경험치가 쌓인다고 할 수 있습니다. 그렇게 생긴 매듭을 딛고 우리는 또 다른 맺음을 향해 나아가곤 합니다.

    2장은 인생의 순간마다 찾아오는 아픔이 상처가 되고, 그 상처가 다시 아물어 옹골차게 매듭지어진 마음을 살펴보는 문장입니다.

그녀가 유일하게
내 사람이라고
말할 수 있고
따라서 유일하게
잃을 수도 있는
사람이었다.

요 네스뵈

『데빌스 스타』

양날의 검, 그러나 쥘 수밖에 없는…

도(刀)는 한쪽에만 날이 있는 칼을 말합니다.

검(劍)은 양쪽에 날이 있는 칼입니다. 검의 날은 필연적으로 상대방과 자신을 향하게 되어 있습니다. 상대방을 벨 수도 있지만, 내가 베일 수도 있습니다. 양날의 검은, 명암을 함께 갖고 있는 상황에서, 나와 타인에게 모두 해가 되는 상황에서, 주로 쓰이는 관용어입니다. 나와 타자에게 모두 위험한, 그 무엇입니다.

사랑하는 사람도 양날의 검과 같습니다. 지극히 사랑하기에 오히려 사랑하는 사람이 고통을 주는 사람으로 돌변합니다. 나에게 무한한 행복을 주는 사람이지만 절망을 안겨주는 상대이기도 합니다. 그럴 수밖에 없습니다. 내가 믿고 사랑하는 사람은 그만큼 기대고 또 기대하는 사람이기 때문입니다. 온 마음이 사랑하는 이에게 향해 있는 상태에서 마음 둘 곳이 사라지면 남는 건 기댈 곳 없는 절망입니다.

사랑하는 이에 대한 기대가 무너졌을 때, 그 신뢰가 깨졌을 때, 사랑이 돌아섰을 때, 사랑하는 사람은 바짝 날이 선 검이 되어 나를 벱니다. 존재 자체만으로 행복을 주던 상대가, 이젠 존재 자체만으로 아픔을 안깁니다. 마음속에 많은 자리를 내어 주었을수록 사랑하는 이는 더 날카로운 날이 됩니다.

"그녀가 유일하게 내 사람이라고 말할 수 있고 따라서 유일하게 잃을 수도 있는 사람이었다."
요 네스뵈, 『데빌스 스타』*

유일한 내 사람, 그래서 유일하게 잃을 수도 있는 사람.
유일하게 사랑하기에 희망을 안겨주는 사람.
그래서 유일하게 나에게 절망을 안겨줄 수 있는 사람.

사랑은 그런 사람을 안겨줍니다. 자신을 한없이 약한 존재로 누군가에게 기대어 살 수밖에 없는 존재로 만듭니다. 그래서 사랑은 형벌처럼 느껴지기도 합니다. 혹여 떠날까 무서워하고, 행여 잃을까 봐 조심스러워하고, 떠날 기색이라도 보이면 매달리고, 성급한 추측으로 지질하게 행동하게끔 하는 형벌을 주는 존재입니다. 그 형벌은 스

---

* 요 네스뵈, 노진선 옮김, 『데빌스 스타』 (비채, 2015), 292쪽.

스로 자초한 것이기 때문에 다른 사람 탓도 못하고 더 센 강도의 아픔을 겪습니다. 상흔도 깊이 남습니다.

사랑에는 꽃길만 놓여있지 않습니다.
꽃길을 걷는 대가가 따릅니다. 그 대가가 바로 추락입니다. 다시 혼자가 되는, 기댈 곳 없이 쓸쓸하게 지내야 하는, 행복을 잃게 됐을 때 자신을 어떻게 대면해야 할지 모르는, 하늘 끝까지 올라갔다가 다시 땅으로 처박힐 수 있는, 한없이 행복하지만 그 행복이 언제 깨질지 모르는 추락에 대한 두려움입니다.

두려움 없는 사랑이 있을까요? 두려움이 없다면 사랑의 농도가 이미 엷어졌거나 사랑을 절대적으로 신뢰하거나 둘 중 하나일 겁니다. 하지만 절대 떠날 것 같지 않던 사랑도 상황이 달라지거나 사랑의 농도가 엷어지면 별다른 이유 없이 떠나기도 합니다. 그렇게 유일한 내 사람을 잃습니다.

사랑하는 이를 살피고, 헤아리고, 생각했던 정도가 컸다면 이별에 따른 대가는 더 크기 마련입니다. 더 많이 사랑한 이가 약자가 되고 더 큰 상처를 받습니다. 더 많이 사랑했다는 건, 더 많이 기대고 기대했다는 것과 같습니다. 상실감이 클 수밖에 없습니다. 그래서 방어막을 치는 이도 있습니다. 더 많이 사랑하지 않으려고, 아니 사랑 자체를 하지 않으려고 하는 이들도 분명 존재합니다. 과거의 사랑과 이별의 고통에 매몰된 이들이 그렇습니다. 다시는 형벌과도 같은 사랑을 하지 않겠노라고 다짐하듯 그들은 사랑에 빠지지 않기 위해 노력합니다. 일정한 거리를 둔 채 말입니다.

하지만 사랑은 마음대로 되지 않습니다. 양날의 검인 줄 알면서도 사람은 사랑에 빠집니다. 언젠가 떠날 사람이라는 걸 경험으로 알면서도 한편으로는 이 사람은 평생 내 곁에 남아있을 거라는 근거 없는 믿음에 기댑니다. 사랑으로 상처투성이가 된 몸뚱어리를 사랑해줄 누군가가, 먼저 다가오기도 합니다.

사랑하지 않고는 삶을 견디기 힘든 순간도 찾아옵니다. 이 사람과 함께라면 행복하겠구나, 싶은 매력적인 상대가 눈앞에 나타납니다. 사랑으로 행복을 다시 찾고 싶습니다. 비록 그 사랑과 이별하게 되면 다시 형벌을 받게 되겠지만 사랑하지 않고는 배기지 못할 사람이 나타납니다. "의지할 수 있는 눈빛"이나 "의지하고 싶은 눈빛"**을 가진 이에게 다시 의지하고 싶어집니다.

그럴 때는 방법이 없습니다. 양날의 검인 줄 알면서도 쥐어야 합니다. 그 검에 베일 줄 알면서도 사랑하는 수밖에 없습니다. 누군가를

** 요 네스뵈, 위의 책, 404쪽.

향한 마음은 막기 힘듭니다. 마음 길을 막으려다가 제풀에 지쳐 떨어집니다. 이래도 힘들고, 저래도 힘들다면, 사랑해야겠지요. 당장 이별 따위는 생각하지 않고 양날의 검을 쥐어 봅니다.

유일한 내 사람, 유일하게 잃을 수도 있는 사람을, 다시 한번 마음에 들입니다. 두려움보다는 희열에 몸을 맡깁니다. 미래의 이별 때문에 현재의 사랑을 잃고 싶지 않습니다.

그렇습니다. 쥘 수밖에 없습니다. 쥐지 않을 이유가 없습니다. 이별의 고통을 미리 걱정해 사랑을 잃는 건 바보 같은 일이자, 비겁한 일입니다. 의지할 수 있고, 의지하고 싶은 눈빛을 가진 이를 만나는 건 어려운 일입니다. 그러니, 사랑할 수밖에요. 비록 양날의 검일지라도, 끝내 그 검에 베일지라도 말입니다.

흉터가
무늬가 되도록
나는 사랑하고
싸웠다

최영미

『흉터와 무늬』

아파야 가벼워진다

몸에 상처가 여럿 있습니다.

어릴 적 녹이 잔뜩 슨 못에 찔린 허벅지의 상처는 주변의 살갗과는 다른 질감과 모양으로 남아 있습니다. 친구가 장난하다 휘두른 대나무 막대기에 맞아 찢긴 눈꺼풀의 상처는 살짝 홈이 패여 있고, 오른쪽 무릎에는 어렸을 적 사마귀를 없애려고 손톱깎이로 도려낸 흔적이 남아 있습니다. 왼손 손목에는 설거지를 하다가 깨진 그릇에 베인 상처가 반지 모양의 흉터로 남아 있습니다. 농구공에 부딪혀 시꺼멓게 죽어가다가 결국 빠지고야 만 손톱은 다른 손톱보다 넓은 면적을 자랑하며 상처가 있었음을 증명합니다. 얼굴에는 종기와 같은 크기로 자라난 여드름을 짜내다가 생긴 흉터가 남아 있고, 왼쪽 종아리 앞쪽에는 아이를 안고 물놀이를 하다가 시멘트 제방에서 속수무책으로 미끄러져 긁힌 상처도 있습니다.

되돌아보면 모든 상처에는 사연이 있습니다. 그 상처가 정확히 언제 생겼는지 언제 아물었는지는 기억하지 못하지만 상처가 생겼을 때의 그 상황은 또렷이 기억합니다. 살갗을 뚫고 들어오는 단단하고 서늘한 이물질의 감촉과 곧이어 서서히 흘러나오는 피, 피를 봤을 때의 황망함, 좀 더 조심하지 않았다는 어리석음에 대한 후회, 이만하길 다행이라는 안도감 등이 상처의 흔적에, 흉터에 고스란히 배어 있습니다. 몸의 상처를 하나씩 살펴보는 일은, 사라진 듯 여겨졌던 기억의 언저리를 살피는 일과 같습니다.

상처는 아물 때도 통증을 동반합니다. 약을 바르고 반창고를 붙여도 한동안 욱신거림을 참아내야 합니다. 몸의 면역체계가 상처를 통해 들어온 병균과 치고받고 싸우는 과정에서 생긴 통증입니다. 덧나기라도 하면 상처를 헤집고 고름을 짜내야 합니다. 상처가 생겼을 때와 비슷한 고통을 겪습니다. 아물고 나면 상처는 흉터로 자기가 다녀갔음을 표식으로 남깁니다. 흉측하고 보기만 해도 아픈 듯 느껴지는 흉터는 상처를 입었을 때와 아물 때의 통증을 고스란히 간직하고 있습니다. 몸이 기억하고 있는 겁니다.

다친 몸에 생긴 흉터처럼, 다친 마음에도 흉터가 남습니다. 비록 보이진 않지만, 아니 오히려 보이지 않아 그 흉터가 얼마나 큰지 상처가 얼마나 깊은지 미처 깨닫지 못하곤 합니다. 상처가 아물고 흉터가 됐는지조차 확인하지 못할 때도 있습니다. 여전히 피를 흘리고 있는지, 빨간약은 발랐는지, 반창고는 붙인 건지, 상처가 덧나지는 않았는지…. 마음에 상처를 입은 순간부터 잘 살피지 않는 한, 어떤 상태인지 잘 알지 못합니다. 문제는 상처 입은 마음을 살피기보다는 외면하는 경우가 많다는 점입니다. 때로는 상처가 너무 커서 미처 아픈 줄도 모른 채 정신 못 차리고 살아가곤 합니다. 상처 입은 마음을 '쿨함'과 '심드렁', '무덤덤'으로 가장한 채 말입니다.

그러나 결국은 깨닫습니다. '심드렁'과 '무덤덤'을 비집고 상처는 고통에 찬 단말마를 내뱉게 하고야 맙니다. 만약 상처를 알아주고 받아줄 누군가가 있다면, 그 상처는 '서럽다'는 감정으로 아물게 할 수도 있습니다. "서럽다는 건, 서러움을 느낀다는 건 받아줄 품이 있고 비빌 언덕이 있을 때 부리는 앙탈 같은 거"[*]라는 말이 옳다면 서러움은 상처를 아물게 하는 약과 같습니다. 비빌 언덕이라도 있으면 그나마 다행입니다. 하지만 서럽다는 감정을 풀어낼 수 없다면 오로지 자기 마음의 면역체계를 풀가동해 홀로 싸워야 합니다. 상처 입었을 때의 과거를 떠올리며, 어떻게든 견뎌야 합니다.

마음속 상처는 과거의 고통을 소환합니다. 끊임없이 소환합니다. 후회라는 말로는 부족합니다. "과거가 아직도 자라고 있다."[**]라는 말처럼 누군가에게 받은 상처는 아픈 기억을 끄집어내고, 그렇게 과

---

[*] 최영미, 『흉터와 무늬』(랜덤하우스 중앙, 2005), 78쪽.

[**] 최영미, 위의 책, 291쪽.

거의 기억은 또 다른 칼날이 되어 새로운 상흔을 남깁니다. 후회(後悔)와 회한(悔恨), 회오(悔悟)란 말로는 표현하지 못하는 영역입니다.

상처를 치유하기 위해 과거를 상기할 때마다 새롭게 생겨나는 상처를 아물게 하기 위해서는 또 다른 견딤이 필요합니다. 상기와 견딤을 반복하다 보면 언제인지 모르게 상처가 아뭅니다. 충분히 아프고 나서야, 아니 상처가 생길 때보다 더 아프고 나서야 상처는 흉터를 남긴 채 아뭅니다. 상처 입은 존재를 '나'로 인정할 때 치유는 완료됩니다. 상처가 아물고 흉터가 남을 때까지 그 흉터를 흉으로 여기지 않고 나를 증명해주는 무늬라고 생각할 때, 우리는 그 상처로부터 해방될 수 있습니다. 그때 이렇게 말할 수 있을지도 모르겠습니다.

"흉터가 무늬가 되도록 나는 사랑하고 싸웠다."

최영미, 『흉터와 무늬』

누군가에게 들은 폭언, 누군가에게 했던 무례하고 야비한 행동, 누군가를 기억하지 못하는 현실, 누군가와의 원치 않는 이별, 내밀한 속내를 비출 만큼 믿고 사랑했던 누군가의 배신, 사랑한다고 믿었던 이의 돌변, 세상 그 어느 때보다 행복했던 순간들이 잊고 싶은 악몽이 되어버린 상황, 인연이라 생각했던 관계가 악연에 불과했다는 깨달음, 한 번도 가닿지 못했던 사랑, 세상 그 무엇보다 진실했던 진심의 외면, 항상 달랐던 겉과 속, 미로 속에 빠진 듯 방황을 거듭하는 마음자리, 미처 알아채지 못한 누군가의 진심, 누군가로부터 도망칠 수밖에 없었던 배배 꼬인 관계. 이 모든 것이 마음에 상처를 남깁니다. 쉽게 아물지 않습니다.

상처가 아물기 위해서는 시간이 필요합니다.
흘러가는 시간이 마음속 칼날을 무디게 한다고 하지만, 시간이 상처를 저절로 치유해주진 않습니다. 영원처럼 느껴지는 시간 안에서 누군가는 상처를 아물게 하려고 스스로를 위로하고, 자책하고, 후회하고, 눈물짓습니다. 상처를 쉽게 내보이지도 못합니다. 내 상처를 남이 치유해줄 수 없는 것을 알기에, 상처를 내보였다가 입방아에 오를 수 있기에 그렇습니다.

마음은 살갗보다 약합니다. 날카로운 이물질이 살갗을 파고들 때보다 더 날카로운 말이, 더 강한 강도로 마음에 파고듭니다. 마음에 생긴 상처를 아물게 하는 건 무겁게 내려앉은 마음을 한결 가볍게 하는 일입니다. 가벼워지려면 더 아파야 합니다. 피고름이 나오는 마음속 상처를 들춰내 고름을 짜내야 합니다. 흉터가 무늬가 되도록 해야 합니다. 사랑하고 싸우면서 말입니다. 그런 과정을 거쳐야 감추고 싶었던 흉터가 나를 증명하는 서명이 되고, 나만이 지닌 고유한 무늬가 됩니다.

상처의 흔적, 흉터가 있기에 우리는 삶을 돌아볼 수 있는지도 모르겠습니다. 상처를 받아들이는 마음에 따라 흉터는 흉이 되기도 하고 무늬가 되기도 합니다. 나라는 존재를 증명하는 무늬가 되기 위해서는 충분히 아파야 합니다. 상처가 생겼을 때의 아픔과, 상처가 아물 때의 아픔은 비례한다고 생각합니다. 어쩌면 아물 때의 고통이 더 클 수도 있습니다. 상처를 다시 헤집고 소독약을 들이붓는 과정을 거쳐야 깨끗이 아무는 것처럼 말입니다. 과거로부터 소환된 아픈 기억이 새로운 상처를 남기고 지난한 견딤을 겪어야 비로소 흉터가 무늬로 보이기 시작합니다. 상처를 준 칼날도 무뎌지고 가벼워집니다.

그렇습니다.
아파야, 견뎌야, 비로소 가벼워집니다.

초유, 산다는게 대체 뭣이간디

임철우

<사평역>

『이상문학상 수상작가 대표작품선 : 임철우』

삶에 내려앉은 '고요'

좀처럼 오지 않는 막차를 기다리는 사람들이 조그만 시골 간이역 대합실 난로 곁에 모여 있습니다. 밖에는 눈이 내립니다. 난로에 톱밥을 밀어 넣고 언 손을 녹이고 추위를 덜어내기 위해 삼삼오오 모여든 사람들은 빨갛게 타오르는 톱밥을 보며 각자 삶의 기억으로 침잠합니다.

병에 걸린 늙은이와 그의 아들, 감방에서 출소한 지 얼마 안 되는 중년 사내, 얼마 전 대학에서 제적당한 점퍼 차림의 청년, 벤치에서 잠을 자고 있는 미친 여자, 고향을 떠나 서울에서 작부 생활을 하고 있는 여자, 보따리장수 아낙네들, 반지를 두 개나 끼고 있는 졸부 서울여자 등 각자 다른 삶을 살아오고, 살아내고 있는 사람들이 우연히 사평역 대합실에 모였습니다.

사연 없는 사람이 어디 있겠습니까. 한 명 한 명이 가진 사연이 줄줄이 나오고, 그들의 삶이 행색만큼이나 또는 행색과는 달리 비루하다는 걸 깨닫게 될 때쯤, 불현듯 누군가 한마디를 내뱉습니다.

"흐유, 산다는 게 대체 뭣이간디……."

임철우, 〈사평역〉*

사는 게 대체 뭘까요? 왜 살까요? 왜 힘들게 살아가야 하는 걸까요?

그 한마디를, 그들에게 삶의 목적—그런 게 있다면—을 상기시킵니다. 어떤 이는 삶이 벽돌로 둘러싸인 방안에 갇힌 것만 같고, 어떤 이는 돈 버는 게 삶의 목적이라고 얘기하고, 어떤 이는 왜 사는지 당최 모르겠고, 어떤 이는 사는 게 고통이라고 합니다.

태어난 순간 삶은 시작됩니다.

사는 게 뭔지도 모른 채 삶은 우리에게 느닷없이 다가옵니다. 커가면서 스스로의 삶의 방향을 정하고 목적을 부여합니다. 꿈을 가져야 한다고 배웠고, 그래야만 할 것처럼 구는 어른들의 말을 들으며 삶을 살아갑니다. 그러다 문득 왜 사는지 무척 궁금할 때가 옵니다. 개인마다 편차가 있겠지만 흔히 사춘기 때 온다고 하죠. 왜 사는지 궁금할 때가 사춘기뿐이겠습니까. 삶이 힘들 때, 아플 때, 큰 상

---

* 임철우, 〈사평역〉, 『이상문학상 수상작가 대표작품선 : 임철우』(문학사상사, 1989), 36쪽.

처를 받았을 때, 어깨에 지워진 삶의 무게가 감당할 수 없을 만큼 무거울 때 '사는 게 대체 뭘까'란 생각은 문턱이 닳을 정도로 마음속을 들락날락합니다.

저 문장에 꽂힌 건 20대 때였습니다. 저 문장을 읽고 눈물이 났습니다. 장소가 어디였는지 기억나지 않지만 눈물이 멈추지 않아 곤혹스러웠습니다. 눈물을 훔치며 마저 읽었습니다. 돌이켜보면 그네들의 삶이 안쓰러워서 짠해서 눈물이 났던 것 같습니다.

얼마간 세월이 흐른 지금 다시 읽어보니 눈물이 나지 않았습니다. 오히려 마음이 조금 차가워집니다. 이들의 삶이 제 삶과 별반 다르지 않은 것 같은 느낌에 외면하고 싶어서 오히려 마음이 날카로워집니다.

삶의 이유에 대해 진지하게 고민하는 순간이 많지 않았지만 저는 살면서 분명 저 말을 내뱉을 때가 오고야 말 것 같다는 예감에 사로잡히곤 합니다. 복잡다단한 삶의 단면을 경험할 날이 올 것 같다는 불안감에 시달리곤 합니다. 아직까진 운이 좋았을 뿐일지도 모른다는 두려움에 휩싸입니다. 사평역에 모인 사람들이 처음부터 상실과 이별, 체념과 포기의 감정을 느끼지 않았던 것처럼 저 역시 그때가 올 것 같아 무섭습니다.

삶에 목적이 있을까요? 왜 사느냐고 물었을 때 똑 부러지게 얘기할 수 있을까요? 사람마다 다르듯 삶에 대한 생각도 다를 겁니다, 성공과 성취, 더 높은 곳만을 바라보는 삶이 있겠고, 현재에 만족하는 삶을 최상이라고 여기는 이도 있을 겁니다.

지금보다 더 나빠지지 않으면 다행이라는 이도 있을 테고, 살다 보면 살아진다며 체념하고 포기하면서 사는 삶도 있을 겁니다. 종교의 힘을 빌려 내세의 행복한 삶을 꿈꾸는 이도 있을 거고, 사는 게 별거 있나 하는 호기로운 말을 입에 달고 사는 이도 있을 겁니다.

한 가지 확실한 건 죽음으로 단절되지 않는 이상 삶은 계속된다는 사실입니다. 희망과 절망, 기쁨과 슬픔, 치유와 아픔이 교차하며 삶은 계속됩니다.

좀처럼 오지 않던 기차는 2시간이 지나서야 사평역에 도착합니다. 자기 삶을 반추하던 사람들은 언제 그랬냐 싶게 서둘러 기차에 오릅니다. 사평역에 자주 나타나지만 대체 어떻게 살고 있는지 모르는 미친 여자만 빼고 말입니다. 그렇게 삶은 계속됩니다. 사평역에서의 2시간은 끊임없이 내달려야 하는 직선 같은 삶에 잠깐 굴곡을 주고 속도를 줄였던 시간이었을지도 모릅니다. 고요히 내리는 눈과 함께 자기 삶을 반추하는, 쉴 틈 없이 부산한 삶에 잠시 내려앉은 고요의 순간이었을 겁니다.

기차가 도착함과 동시에 삶을 지속하기 위해 사람들은 사평역을 떠나, 삶에 대한 생각으로 가득했던 그 순간을 떠나, 기차에 오릅니다. 사평역에 내려앉았던 고요의 순간을 잊어버린 채 삶은 계속됩니다.

사는 게 뭔지는 잘 모릅니다. 다만 사평역에서 기차가 오기를 기다리며 삶의 의미를 생각했던 이들처럼 우리도 계속 이어지는 삶 속에서 잠깐 동안이나마 삶을 돌아보고, 반추할 수 있는 그 순간이 있기에 삶은 제 의미를 찾아가는지도 모르겠습니다.

그래서 여전히 묻습니다.
대체… 사는 게 뭘까요?

최고국은
버튼을 눌러서
삶을 완전히
꺼버리는
것이다

할레드 호세이니

『연을 쫓는 아이』

때로 침묵하고 싶다

말을 하지 않는다는 건 생각보다 어렵습니다. 침묵(沈默)이든 묵언(默言)이든 암묵(暗默)이든 불언(不言)이든 어떤 방식이든 자기 의사를 밖으로 나타내지 않는 건, 사람들과 교류하고 소통하며 살아가는 인간과는 어울리지 않는 듯합니다. 하지만 침묵은 때에 따라서는 말을 하는 것보다 더 강하게 의사를 표시하는 수단이 됩니다. 말을 하지 않는 사람은 오히려 침묵을 통해 더 강한 의지를 표명하고 그 이유 때문에 두렵기도 합니다.

사람들이 침묵하는 이유는 참 다양합니다.

누군가와 단순히 말을 하기 싫어서, 말을 해봤자 오해만 쌓여서, 누군가와의 관계를 지속시키는 것조차 힘들어서, 말할 이유를 전혀 느끼지 못해서, 벽보고 얘기하는 것처럼 말을 한다고 해도 받아들여지지 않아 답답해서, 말을 하지 않는 게 상대방에게 답답함과 더불어 훨씬 큰 공포를 안겨줄 수 있어서, 기대에 미치지 못해 섭섭하고 서운해서, 내 입에서 나온 말이 전혀 다른 의미로 받아들여질 것 같아서,

사람들은 발화를 멈춥니다. 실망과 좌절, 절망과 상심, 실의와 비관, 증오와 복수 등의 이유로 침묵 속으로 들어갑니다.

침묵의 이유는 다양하지만 그 결과는 관계의 단절로 이어집니다. 침묵하는 사람만큼이나 침묵하는 이를 지켜보는 사람도 힘듭니다. 아니 지켜보는 이가 더 힘이 듭니다. 침묵의 의도를 파악조차 하지 못하고 침묵의 끝이 보이지 않을 때 그걸 견뎌내는 이의 인내심은 바닥을 드러냅니다.

관계를 맺고 지속해 가는 일은 서로의 마음을 궁금해하고, 살피고, 알게 될 때 가능합니다. 이유를 알지 못하는 침묵 앞에서 침묵을 깨기 위해 노력하고 하염없이 기다리기도 합니다. 그러다 기다림의 희망이 보이지 않을 때 관계는 단절됩니다. 침묵은 마치 삶의 일부분이 단절되는 것과 같습니다. 관계를 이어가고 싶지 않은 심정이 침묵이 됩니다. 더 이상 말을 하지 않는 침묵은 그래서 죽음과도 같습니다.

애니메이션 〈신세기 에반게리온〉에서 사도나 에반게리온이 동작을 멈추거나 생명이 다했을 때, 에반게리온의 작전 통제실 사람들은 이렇게 외칩니다. "사도 완전히 침묵", "에반게리온 초호기 완전히 침묵 상태입니다."라고 말이죠. 사망이나 소멸, 궤멸, 섬멸 대신 이들은 침묵이란 단어를 씁니다. 침묵이 죽음과 비슷한 말이기 때문이리라 짐작합니다.

죽은 자는 침묵하는 자입니다.

숨 쉬고 심장이 뛰어도 침묵하는 자는 죽은 상태와 마찬가지일지 모릅니다. 인간이 살아있다는 건 입과 몸으로 말하고 행동하는 걸 의미합니다. 심장 박동이나 숨소리만으로도 살아있다는 걸 확인할 수 있겠지만 진정으로 살아있다는 건 말을 하고 자기 의사를 표시하는 겁니다. 그렇지 못하다면 죽어있는 것과 별다를 바 없을 터입니다. 그래서 이 문장이 설득력 있게 다가옵니다.

침묵은 버튼을 눌러서 삶을 완전히 꺼버리는 것이다.
할레드 호세이니, 『연을 쫓는 아이』*

어떤 이유에서든, 절대적인 침묵은 삶을 꺼버리는 겁니다. 침묵의 감정이 무엇이든 간에 침묵한다는 건, 스스로의 삶을 마감하는 것과 같습니다. 그러하기에 침묵은 조용함과 구별됩니다. 침묵하는 이의 의도가 강하게 개입되기 때문입니다.

침묵은 방어막이 됩니다.

---

* 할레드 호세이니, 이미선 옮김, 『연을 쫓는 아이』 (열림원, 2008), 541쪽.

더 이상 누군가에게 상처받기 싫어서, 아프기 싫어서 침묵합니다. 침묵은 이미 관계의 단절을 가정하고 그걸 실천하기 때문에 가장 적극적인 저항입니다. 하지만 관계의 회복을 기대할 수 없어서 침묵하기 때문에 가장 소극적인 저항이기도 합니다.

적극적이든 소극적이든 침묵은 상처 입은 자가, 너무나 큰 상처로 마음이 너덜너덜해진 자가, 더 이상 상처받기 힘들어 내건 방어막임에는 틀림없습니다. 상처에 대한 두려움, 기대의 좌절, 신뢰의 파열, 더 이상 어찌할 수 없는 절망이 침묵 안에는 존재합니다. 누군가에게 품었던 믿음이, 기대가, 소망이, 희망이 꺾였기 때문입니다. 그 꺾임이 반복될 때 인간이 할 수 있는 건, 어쩌면 침묵함으로 삶의 스위치를 끄는 것밖에 없을지도 모릅니다.

때로 침묵하고 싶습니다.
삶의 스위치를 내리고 싶습니다. 고독 속으로 침잠하고, 관계를 단절시키고 싶습니다. 삶의 모든 회로망을 끊어내고, 어둠 속 번데기처럼 자신을 꽁꽁 싸매고 싶습니다. 더 이상 아프지도, 상처받지도, 괴로움에 몸부림치고 싶지도 않습니다.
그저 침묵하고 싶습니다.

침묵하기도 합니다.

입에서 발화되는 목소리가 너무 낯설게 느껴질 정도로 침묵한 적도 있습니다. 하지만 대부분의 경우 제대로 침묵하지 못합니다. 침묵하는 이를 사람들이 불편해하기 때문입니다. 공간은 차지하고 있으나 없는 사람인 것처럼 행동하는, 있어도 없는 존재를 사람들은 허용하지 않습니다. 그렇게 침묵이 주변 사람들에게 민폐로 가닿고, 곧이어 침묵하지 말라는 압력이 되어 돌아옵니다. 마음 놓고 침묵하기도 힘듭니다. 침묵 안에서만 자유로울 수 있는데 침묵마저 허용되지 못합니다.

상처 입은 짐승이 동굴 안에 칩거하듯 침묵 속에서 자신의 상처를 보듬어야 할 때가 있습니다. 삶의 스위치를 내리고, 모든 기대와 희망도 접은 채 머물러야 할 때가 있습니다. 그럴 때면 비록 완전한 침묵을 하지 못하지만 소극적이게나마 침묵을 시도합니다.

그때가, 상처 입은 자가 스스로의 상처를 위무할 유일한 순간인지도 모릅니다.

그래서, 침묵해야만 할 때가 있습니다.

떠나는 사람이
보이지 않을 때까지
서있는 그 짧은 순간은
인간의 시간이에요

이성복

『무한화서』

이별의 순간, 인간의 시간

물끄러미 바라봅니다.

이별의 말을 전하는 상대를 물끄러미 바라봅니다. 물끄러미는 우두커니 한곳을 바라보는 모습을 뜻합니다. 우두커니는 넋이 나간 듯이 가만히 서 있거나 앉아있는 모양을 나타내는 말입니다.

이별의 순간, 물끄러미 바라보는 건 당황해서 아무런 생각도, 아무런 느낌도 들지 않아서입니다. 이별을 예감했음에도 막상 이별의 순간이 닥쳐오면 당황감과 황망함에 휩싸입니다. 표정 관리가 안 되고 손과 몸이 덜덜 떨리기도 합니다. 모든 이별의 순간이 그러지는 않았습니다. 덤덤한 적도 있었습니다. '그래, 쿨하게 보내자'란 마음으로, 애를 쓰지 않았음에도 덤덤해졌습니다.

하지만 지나고 보면 그 순간이 기억나지 않습니다. 분명 덤덤하게 물끄러미 바라보고 있었음에도 상대방이 무슨 말을 했는지, 어떤 표정이었는지, 내가 어떤 표정이었고, 무슨 말을 했는지 도통 기억이 나질 않습니다. 이별의 순간은 충격적이었고 기억상실과도 같았습니다. 기억나는 건 이별이 싫다는 감정뿐이었습니다.

몇 차례의 이별을 경험했습니다.

사랑했던 이, 우정을 나눴던 이와 이별을 했고, 저세상으로 간 이와도 원치 않는 이별을 했습니다. 시간이 좀 흐른 뒤 날선 감정이 조금 무뎌지면 현실감이 들긴 하지만 이별의 순간은 현실이 아닌 것만 같았습니다.

그렇게 이별을 할 때마다 '미련인 듯 미련 아닌' 감정은 질기게도 남아 있었습니다. 함께 했던 시간과 함께 했던 공간이 떠오르고, 사랑하던 사람의 표정과 옷매무새, 향, 태, 손과 발 모양, 자주 하던 액세서리, 그리고 웃음소리까지 도무지 기억에서 사라지지 않았습니다. 기억은 추억으로 전환되지 않고 날이 바짝 선 칼날처럼 제 발밑에 도사리고 있었습니다. 불현듯 기억이 떠오를 때마다 그 칼날에 깊게 베이곤 했습니다. 그때마다 '어서 잊어야지'란 말을 중얼거렸습니다.

이별은 아픈 기억이었습니다. '아프다'가 아니라 '아팠다'가 되기까지 무수히 많은 상처를 견뎌야 했습니다. 질투심과 배신감에 치를 떨고, 저에게 이별을 고한 상대도 저만큼 아팠으면 하고 바라기도 했습니다. 제 마음이 칼날이 되었습니다. 시간이 조금 지나니 달라졌습니다. 잘 살았으면, 행복했으면 했습니다.

이별의 순간 상대에 대한 예의를 차리지 못했습니다. 사랑했던 사람이기에 행복하기를 바라는 게 맞는데 그러지 못했습니다. 그런 생각조차 들지 않았습니다. 이별을 배신으로만 받아들였기 때문입니다. 변하지 않는 나를 상정해놓고, 변한 너를 도덕적으로 단죄해야 한다는 게 속마음이었습니다. 인간이기에 느끼는 감정이지만, 인간으로서 느끼지 않았으면 하는 감정입니다.

지금은 압니다. 그런 감정이 부질없다는 것을요. 그런 칼날 같은 감정이 스스로를 갉아먹는다는 것을요. 자기 의지대로 사랑했기에, 자기 의지대로 이별하는 게 당연하다는 것을요. 아프고 아쉽고 안타깝지만 사람 마음을 얻고 지속시키는 게 얼마나 힘든 일인지를 이제는 압니다. 강요한다고 해서 감정 변화를 막지 못한다는 것 또한 이제는 압니다.

"떠나는 사람이 보이지 않을 때까지 서 있는 그 짧은 순간은 인간의 시간이에요."

이성복, 『무한화서』

시인 이성복의 문장입니다. 누군가가 자기 곁을 떠날 때 짧게나마 그를 배웅하는 순간을, 이성복은 인간의 시간이라고 말합니다. 누군가 떠났다고 매몰차게 등을 보이기보다, 문을 쾅 하고 닫아버리기보다는, 까닭 모를 배신감에서 기인하는 폭력의 감정에 휩싸이기보다는 힘겹게 이별의 말을 전하는 상대를 살펴야 합니다.

이별의 순간에 물끄러미 바라봐야 할 것은 이별을 고하는 상대의 마음과, 현실을 받아들여야 하는 스스로의 마음입니다. 이별은 통보하는 자와 통보받는 자 모두가 용기를 내야 하는 일이기 때문에, 감정에 치우쳐 이성을 놓치고 있지는 않은지 살펴봐야 합니다. 매몰차게 마음의 문을 닫아버리기 전에 '잘 가라'고, '잘 살라'고 마음속으로나마 떠나는 이를 물끄러미 바라볼 줄 알아야 합니다.

사랑하는 사람이 등을 보일 때 그 모습을 바라보는 눈길은 아련합니다. 애잔합니다. 애처롭고 애틋합니다. 그 눈길에 담긴 이별의 순간은 인간의 시간입니다.

비록 서로를 물끄러미 바라보는 시간은 끝났지만 서로를 살피는 순간도 끝났지만 떠나는 사람의 모습을 물끄러미 바라보는 그 짧은 찰나만큼은, 서로를 사랑했던 존재로 깊게 각인하는 순간이 됩니다.

그때 속으로 이 한 마디를 전할 수도 있지 않을까 합니다.

사랑했다고, 널 사랑해서 다행이라고….

사는건
어차피
기다리는
것이니까

이균영

『어두운 기억의 저편』

당신과 함께 기다리리라

　누렇게 변색된 책을 꺼내들어 세월의 흔적을 가늠하고 헌 책에서만 맡을 수 있는 냄새와 함께 지금은 달라져버린 옛 맞춤법을 확인하는 일은 묘한 즐거움을 안겨주곤 합니다. 새 책이든 헌책이든 가리지 않고 사보지만 이상하게도 새 책보다는 헌책에 정이 더 갑니다. 질감부터 다르다고 해야 할까요? 누군가의 손을 거쳤을 게 분명한데, 다른 건 '신상'을 선호하면서도 이상하게 책만큼은 별 구분을 하지 않습니다. 그 덕분에 때로는 가로쓰기가 아닌 세로쓰기로 인쇄된 책을 읽기도 합니다. 좌우가 아닌 상하로 시선을 돌려가며 책을 읽는 게 익숙하진 않지만, 책장을 오른쪽이 아닌 왼쪽으로 넘겨야 해서 낯설기도 하지만, 이게 재미있습니다.

　동네마다 소규모 책방이 즐비하던 시절, 서점과 헌책방은 안온함을 안겨주는 공간이었습니다. 약속 장소를 서점으로 정하는 일도 흔했고, 커다란 가방을 메고 헌책방을 순례하며 책을 찾는 재미도 쏠쏠했습니다. 오래된 종이에서만 맡을 수 있는 냄새로 가득한 공간 안에서 상하좌우로 시선을 돌려가며 책을 찾았습니다. 그러다 문득 어느 한 책에 시선이 꽂히면 꺼내봅니다. 책장을 펼치면 책 냄새와 함께 먼지가 날리고, 누렇게 변색된 종이를 넘깁니다. 그리고 곧 코를 박고 책을 봅니다.

헌 책이 새 책이던 시절, 그 책의 주인이었던 이가 애틋한 마음으로 책날개나 속지에 기록해둔 결기 어린 다짐이나, 사랑의 고백, 축언과 우정의 메시지를 발견합니다. 이런 메시지를 보면 무생물에 불과하던 책이 갑자기 생물로 다가옵니다. 책에서 인간미가 느껴지고, 누군지도 모르는 전 주인과 교감하는 느낌도 듭니다.

생각지도 못한 책방에서, 생각지도 못한 책을 발견하는 일도 종종 일어납니다. 꼭 읽고 싶었는데 구할 수 없었던 책, 유명한 책의 초판본을 만나면 노다지를 발견한 듯합니다. 그럴 때면 이렇게 생각합니다.

'인연이구나.'

저와 인연이 닿은 책이라고 생각해버립니다. 전 서점이나 헌책방에서 책을 고를 때 눈에 불을 켜고 세세하게 책을 보지 않습니다. 저와 인연이 닿는 책은, 반드시 제 눈에 띌 거라는 이상한 믿음이 있어서입니다. 인연이 닿을 책이 제 시선을 기다리고 있다고, 그래서 반드시 발견할 거라고 말이죠. 책이 저를 기다리는 건지, 제가 책을 기다리는 건지는 모르지만 아직도 이 생각은 확고합니다. 그렇게 발견한 책이 꽤 되고, 대부분 만족스러웠기 때문입니다.

책을 구입하면 항상 구입한 날짜와 장소, 누구와 함께 서점에 갔는지를 책 안쪽에 기록해둡니다. 흔적을 남기는 것입니다. 책에 남긴 흔적은, 다시 책을 펴들었을 때 추억으로 다가옵니다. 저 앞에 나온 문장이 담긴, 이균영의 소설집은 당시 같이 살던 친구와 함께 2002년, 지금은 사라진 전주의 '책과 사람들'이란 헌책방에서 구입한 책입니다. 1992년 6판으로 발행된 책이 10년의 기다림 끝에 저에게 왔고, 책을 산 뒤 바로 탐독한 후 15년의 기다림 끝에 제가 다시 책장을 펼친 것입니다. 그리고 발견한 문장이, "사는 건 어차피 기다리는 것이니까"였습니다. 공교롭게도 말이죠.

저 책을 구입한 2002년은 한일 월드컵으로 온 나라가 흥겹고 시끌벅적하던 때였습니다. 하지만 전 그런 흥겨움과는 거리가 먼 시절을 보내고 있었습니다. 어느 때보다 궁핍하고 앞이 안 보이던 시절을 보내고 있었던 것입니다. 그 시절, 제가 원했던 것은 기본적인 생활을 하면서 책을 마음껏 사보고 CD를 사서 음악을 들을 수 있을 정도의 경제력이었습니다.

돈이 없어 한 달 내내 집안에만 틀어박혀 글을 쓰고 원고료가 나오기만 기다렸습니다. 그러다 원고료가 나오면 같이 살던 그 친구와 함께 몸보신한다며 순대 국밥에 소주 한 병을 나눠 마셨습니다. 생활비를 쪼개 헌책방을 돌며 책을 사고, 다시 집에 틀어박혀 책보다 잠들고 잠 깨면 다시 책 보고 그러다 잠드는 일상을 보냈습니다. 그러면서 하루 종일 책만 봐도 돈을 벌 수 있는 일은 없을까를 생각했습니다. 정말, 진심으로, 그랬으면 좋겠다는 생각을 했습니다.

그해가 지나고 취직을 했습니다.

취직을 하고 난 뒤 이제는 책과 CD를 좀 더 여유롭게 사볼 수 있겠거니 했지만 그때부터는 시간 빈곤에 시달렸습니다. 돈이 있으니 놀 거리가 늘어난 탓에 한동안 책과 음악을 멀리했습니다. 한 달에 책 한 권 사보지 않게 되었죠. 목적과 수단이 뒤바뀐 셈이었습니다. 그러다 문득 깨달았습니다. 이건 제가 원하던 삶이 아니라는 사실을요.

삶이 무엇인지는 잘 모릅니다. 왜 사는지, 어떻게 하면 잘 사는지, 잘 사는 게 뭔지, 남들만큼 살면 되는 건지, 돈을 잘 벌면 되는 건지, 성공하면 되는 건지, 남들보다 높이 올라서면 되는 건지, 질문만 가득합니다. 답은 정해져 있지 않지만 제가 하고 싶은 일을 하면서 살고 싶은 생각만은 확고합니다. 그리고 기다립니다.

이균영의 말처럼 사는 건 기다림입니다. 지금보다 더 나은 미래, 더 나은 생활, 더 좋은 인연, 더 좋은 만남을 우리는 기다립니다. 슬픔과 절망, 외로움과 괴로움의 나날, 악연을 기다리는 이는 거의 없을 겁니다. 꽃길만 걸으면 얼마나 좋겠습니까마는 삶은 그리 호락호락하지 않았습니다. 생각지도 못했던 장애물이 나타나고, 인연이라 여겼던 이가 악연으로 돌변하기도 했습니다. 기억에서 지워버리고 싶을 만큼, 다시 시간을 되돌리고 싶을 만큼 상처를 받았는데도 더한 아픔이 기다리고 있는 것 같아 암울한 때도 있었습니다.

삶에는 여러 국면이 있습니다. 널뛰기를 하듯 행복과 불행이 번갈아 오기도 하고, 불행만 계속되는 것 같아 대체 왜 사는지 모르는 순간들도 있습니다. 살맛이 안 나고, 살맛을 입에 올리는 것조차 힘겨운 순간이 분명 있습니다. 앞이 보이지 않고, 시커먼 구덩이 속에 갇힌 것 마냥 뭘 해야 좋을지, 뭘 하지 않아야 좋을지 혼란스러워 방황하는 순간이 있습니다. 2002년, 제가 그랬던 것처럼 말이죠.

그럴 때는 섣부른 위로나 시간이 해결해줄 거라는 너무나 당연한 말은 도움이 되지 않습니다. 각자의 삶은, 각자가 헤쳐 나가야 할 터입니다. 그게 생명을 가진 자의 몫입니다. 눈 밝은 이가 인연이 될 책을 발견하듯, 책이 눈 밝은 이에게 자기 존재를 내보이듯, 삶의 이유가 될 인연—그게 사람이든, 사물이든, 목표나 이상이든—을 만날지도 모릅니다. 한없이 가라앉고 있는 이를 꺼내줄, 무언가를 발견할지도 모릅니다.

아직 삶이 남아있는 저 역시 더 좋은 날들을, 지금보다 더 행복한 미래를 기다립니다. 하지만 사람 일은 모릅니다. 당장 내일, 아니 몇 시간, 몇 분 뒤 제 앞에 거대한 불행의 구덩이가 기다리고 있을지도 모릅니다. 그럴 때, 앞이 보이지 않는 터널을 건너야만 하는 그 순간에 곁에 묵묵히 머물며 좋은 날이 오기를 함께 기다려주는 결이 맞는 사람이 있다면 좋겠습니다. 저 역시 누군가에게 그런 사람이 되면 좋겠습니다.

사는 게 어차피 기다리는 것이라면, 혼자보다는 같이 기다리는 게 더 나을 테니까요.

엄마야, 지난번 이야기는 정말 멋졌어

베른하르트 슐링크

『더 리더 : 책 읽어주는 남자』

숨은 '말 줄임표' 찾기

행복한 한때였습니다.

남자는 여자에게 책을 읽어주고, 여자는 남자의 몸을 씻겨줍니다. 함께 만나 책을 읽고 목욕하고 사랑을 나누면서 그들은 사회에서 금기시하는 사랑을 합니다. 만약 밝혀졌다면 세상 사람들에게 손가락질을 받을 만한 사랑이었죠. 하지만 두 사람은 걷잡을 수 없이 서로에게 빠져듭니다. 서로가 서로를 떠날까 봐 불안해합니다. 그러다 여자가 떠납니다. 먼 발치에서 남자를 살펴본 뒤 여자는 떠납니다.

여자가 떠난 뒤 남자는 성인이 되었고, 재판정에서 피의자 신분으로 서 있는 여자를 만납니다. 여자의 과거가 밝혀지고, 여자는 감옥에 갇힙니다. 그 뒤 남자는 여자가 원했던 사랑의 방식을 기억하고, 감옥에 있는 그녀에게 책을 낭독하는 자신의 목소리를 녹음해 보내기 시작합니다. 글을 읽지 못하지만 책 읽기를 좋아하는 여자를 위한 것이었죠.

그러다 여자에게서 한 통의 편지가 옵니다. 글을 읽지도 쓰지도 못했던 여자가 보낸 편지는 단 한 줄이었습니다.

"꼬마야, 지난번 이야기는 정말 멋졌어. 고마워. 한나가."
베른하르트 슐링크, 『더 리더 : 책 읽어주는 남자』*

한 글자 한 글자 꾹꾹 눌러쓴 그녀의 편지를 받아본 남자는 놀라워합니다. 그녀가 글을 안다는 사실에 놀랍니다. 글을 익히려고 마음먹은 여자의 용기와, 글을 익히기까지의 지난한 여정을 유추합니다. 기뻤지만 남자는 그녀에게 답장을 하지 않고 여전히 책 읽는 목소리를 녹음해 보낼 뿐입니다. 그 뒤에도 여자에게서 한 줄 정도로 이뤄진 편지가 계속 옵니다. 낭독해 보낸 책과 작가에 대한 간단한 품평, 계절의 흐름에 따라 변하는 일상의 말들이 옵니다.

자신이 굳이 녹음해 보내지 않아도 여자가 책을 읽을 수 있다는 걸 알지만, 자신만의 방식으로 그는 녹음된 카세트테이프를 계속 보냅니다. 편지와 카세트테이프와의 교류는 한동안 이어집니다. 그러나 그 즈음, 여자는 달라집니다. 감옥에 갇혀서도 항상 목욕을 하면서 청결을 유지하던 그녀는 자신을 놓아버립니다. 갑작스럽게 늙은 것

---

*   베른하르트 슐링크, 김재혁 옮김, 『더 리더 : 책 읽어주는 남자』(이레, 2004), 198쪽.

이죠. 왜 그랬을까요?

　나중에 밝혀지지만 여자는 남자를 떠난 뒤에도 그를 놓지 않았습니다. 재판정 방청석에 앉아있는 남자의 존재를 눈치챘고, 지역의 신문기사를 통해 남자의 소식을 간간이 챙겨 보고 있었습니다. 그녀의 시선은 여전히 남자를 향해 있었습니다. 그녀가 글을 배우려고 용기를 낸 것도, 글을 익히게 된 것도 자신에게 책을 녹음해 보내주는 남자 때문이었습니다. 여전히 놓지 못한 남자에 대한 사랑 때문이었습니다. 남자 역시 마찬가지였지만, 그들은 그렇게 엇갈립니다.

　그런 저간의 사정을 알게 된 후 저 문장을 다시 봅니다. 한 줄의 글 속에 얼마나 많은 의미가 숨겨져 있었는지를 아련하게 깨닫습니다. 저 한마디 문장 속에 얼마나 많은 말 줄임표가 숨겨져 있었을까요. 저 한 줄의 문장을 쓰기까지 얼마나 많은 문장을 조합했을까요. 어떻게 말을 건넬지 얼마나 고민했을까요. 꼭꼭 눌러쓴 한 줄의 문장에 가늠할 수 없을 만큼 희열에 가득 한 여자의 심정을 느낍니다. 자신을 봐달라고, 봐줘서 고맙다는 의미도 느껴집니다.

　하지만 남자는 그녀의 편지를 받아보고 기뻤음에도 그녀와의 소통 방식을 바꾸지 않았습니다. 무기수인 그녀가 다시 세상에 나올 거라는 생각을 하지 못한 채, 심정적으로는 가깝지만 물리적으로는 먼, 자신들의 관계 맺음에 만족했을지도 모릅니다. 그래서 섣불리 답장을 하지 못했을지도요.

    희열과 기대가, 아픔과 상실로 다가오는 건 순식간입니다. 기대가 충족되지 못할 때 삶은 제 스스로를 놓아버리곤 합니다. 어쩌면 저 한 줄의 문장은, 삶의 의미를 되찾은 자가, 자신의 삶을 알아주고 사랑하는 이에게 다시 살겠다는 의지를 전한 것인지도 모릅니다. 저 문장에는 그런 '숨은 말'이 있었을 거라고 저는 생각합니다. 그 숨은 말을 찾았다면, 숨겨진 말 줄임표를 발견했다면 저들은 행복했을까요?

    스치듯 전하는 한마디 말이나 글 속에는 우리가 미처 몰랐던 말이, 말 줄임표처럼 숨어 있기도 합니다. '그냥… 전화해봤어', '그냥… 생각나서'란 말에서 '그냥'은 '그냥'이 아닙니다. 직접적으로 자신의 감정을 드러내기가 저어되어서, 상대방이 부담을 느낄까 봐 자신의 감정을 숨긴 채 건네는 말입니다. 여러 복잡다단한 의미가 있지만 '그냥'이라고 말해버립니다.

    '잘 지내지…?', '잘 살지…?'란 말에도 "괜찮지? 잘 지냈으면 좋겠다, 잘 살았으면 좋겠다."란 의미가 숨어있을 수도 있습니다. 모처럼 만난 이에게 건넨 '얼굴 좋네.'란 말에는 "얼굴 좋아 보여서 다행이야."란 말이 숨어 있고, '아픈 데는 없고?'란 말속에는 "아프지 않았으면 좋겠다."란 말이 숨겨져 있을 겁니다. '안녕'이라는 의례적인 인사말 속에도 우리가 미처 깨닫지 못하는 수많은 의미가 담겨 있을 수도 있습니다. 걱정과 염려, 미처 거두지 못한 시선과 관심, 사랑과 배려 등 언제나 상대방을 생각하고 있다는, 그런 의미인지도 모릅니다.

한마디 말, 한 줄의 글에, 의미를 숨기는 이유는 여러 가지가 있겠지만 가장 큰 이유는 상대방에게 '부담'을 주지 않기 위해서입니다. 저 소설 속 주인공들 역시 사랑하는 이에게 부담을 주지 않을까 항상 우려합니다. 내내 그렇습니다. 똑 부러지게 자신의 욕구를 표현하지 않고 에둘러 얘기합니다. 상대방을 생각하고 헤아리기 때문입니다. 여리기 때문입니다. 그래서 자신의 존재가 상대방에게 짐이 되지 않을까, 상처가 되지 않을까라는 헤아림의 마음이 앞서 진정으로 전하고 싶은 말을 숨깁니다. 그러면서도 그 숨은 말을, 숨겨진 의미를 찾아주길 바라죠.

참 복잡한 존재입니다, 인간은….

숨은 말줄임표 찾기, 필요합니다. 미처 건네지 못한 말 줄임표를 찾아봐야겠습니다. 누군가 무심코 던지는 말은 그냥 하는 말이 아닙니다. 여린 마음의 누군가가 에둘러 진심을 전하는 중인지도 모릅니다. 그래서 전, 오늘도 숨은 말 줄임표를 찾는 중입니다.
오독(誤讀)일 수도 있지만, 적어도 회한은 남기지 않기 위해서 말이죠.

> 이건 그냥 연애야
> 죄짓는 게 아니고
> 남들 다 하는
> **그냥 연애**

최규석

『습지생태보고서』

여전히 가난은 죄인가

"가난하다고 해서 사랑을 모르겠는가"

신경림, 〈가난한 사랑 노래〉

'이웃의 한 젊은이를 위하여'란 부제가 붙은 〈가난한 사랑 노래〉는 처연합니다. 1988년 시인 신경림이 발표한 이 시를 보노라면 어깨 축 처진 채 집으로 돌아오는 한 젊은이가 떠오릅니다. 소리 없는 울음을 삼키며, 힘겨운 노동을 마치고 골목길을 희미하게 비추는 가로등 아래를 터덕터덕 걸어오는, 또 하루를 살아가기 위해 아픔을 애써 외면한 채 집으로 걸어오는 청년이 떠오릅니다.

헤어짐과 상처로 너덜너덜해진 가슴을 안고 살아갈 것만 같은 〈가난한 사랑 노래〉 속 청년의 마음을 헤아릴 길이 없었습니다. 지금도 마찬가지입니다. 저는, 부유하진 않았지만 가난하지도 않았으니까요. 감히 저 청년의 마음을 가늠해볼 생각도 하지 않았습니다. 가난하기 때문에 이 모든 걸 버려야 한다는, 그 헤어 나올 길 없는 좌절을, 저는, 모릅니다.

가난하다고 해서 사랑을 모를 리 없습니다. 그리움과 외로움을 모를 리 없습니다. 가난하든 그렇지 않든 감정을 가진 인간이라면 사랑도, 슬픔도, 그리움도, 외로움도, 아픔도, 분노도, 모두 압니다. 하지만 가난은 이런 감정을 제대로 표현할 수 없게 만듭니다. 먹고살아야 하니까요. 그 절대적인 명제 앞에서 가난한 자는, 자신의 감정을 꽁꽁 싸맨 채 살아갈 수밖에 없습니다.

JTBC의 드라마 〈청춘시대〉(2016)에서 돈이 없어 아르바이트를 하면서 힘겹게 대학을 다니는 윤진명(한예리)은 자신을 좋아하는 박재완(윤박)에게 이렇게 말합니다.

"나 좋아하지 마요. 누가 나 좋아한다고 생각하면 약해져요. 여기서 약해지면 끝장이에요. 그러니까 좋아하지 마요."(4화)

박재완에게 향하는 자신의 마음을 알고 있지만, 윤진명은 그걸 끊어내야 한다고 생각합니다.

사랑이라는 감정에 휘둘리면 약해지고, 약해지면 엄혹한 현실을 살아낼 수 없다고 여겼기 때문일 겁니다. 누군가에게 기대고 싶어 하는 자신의 감정이 힘겹게 버티고 있는 삶을 갉아먹으리라 생각했을 것입니다. 사랑하면서도, 그 감정을 버려야 한다고, 그래야만 한다고,

스스로를 옭아매는 현실. 그게 가난일 겁니다.

여기 마찬가지로 가난한 대학생이 있습니다. 만화가 최규석의 『습지생태보고서』(거북이북스, 2005)에 나오는 '최군'입니다. 최규석의 분신인 듯한 '최군'은 생활비를 줄이기 위해 친구들과 함께 자취를 하며 '노가다'를 하면서 만화가를 꿈꾸며 대학에 다니고 있습니다. 그러다 최군은 한 여자를 만나 사랑에 빠지고 데이트를 하게 됩니다. 데이트를 마치고 오던 어느 날, 최군의 내면 속 또 다른 자아가 나타납니다. 그들은 이런 문답을 주고받습니다.

"오늘 얼마 썼어? 아버지 한 달 용돈 4만 원인 거 알지? 무슨 생각으로 그러는 건데?"
"이건…그냥…그냥 연애야. 죄짓는 게 아니고…남들 다 하는…그냥 연애."

최규석, 『습지생태보고서』[*]

남들 다하는 연애일 뿐인데도, 가난은 죄의식을 갖게 합니다. 고향에 있는 아버지 한 달 용돈이 4만 원이라는걸, 그보다 많은 돈을 데이트를 하면서 쓰고 있다는 걸 최군은 압니다. 그런데도 멈추기가

---

[*] 최규석, <남들 다 하는 것>, 『습지생태보고서』(거북이북스, 2005), 139~140쪽.

힘듭니다. 사랑하니까요. 사랑하는 이에게 뭐든 해주고 싶고 함께 시간을 보내고 감정을 나누고 싶으니까요. 하지만 최군은 죄의식을 느낍니다. 내가 이렇게 돈을 써도 되나 하면서 말이죠.

가난은 죄일까요? 죄여서 가난한 사람은 무시당하고 멸시당해야 하는 걸까요? 아프니까 청춘이라거나 젊어서 고생은 사서도 한다는 속담에 기대 최저임금도 제대로 받지 못한 채 노동력을 착취당하는 게 가난한 자의 숙명인 걸까요?

가난은 죄가 아닙니다만, 우리 사회에서 가난은 '죄'로 취급받습니다. 배고파봐야 노력을 한다는, 정말 저열한 논리가 여전히 횡행하기도 합니다. 가난을 증명해야만 생활비를 받을 수도 있습니다. 급식비를 못 낸 아이들에게 교육자란 사람이 "밥 먹지 마라"라고 공개적으로 모욕하고, 동사무소에서 나눠주는 20kg 짜리 쌀을 받기 위해서는 그 쌀을 기증한 이들과 기념사진을 찍어줘야 합니다.

가난한 것도 서러운데, 노력의 부족 때문이 아님에도, 가난은 '죄'이자 '게으름과 나태'의 표상이 되고 가난한 자는 국가로부터 지원을 받기 위해 자신이 얼마나 가난한지를 증명해야 하는 것입니다. 가난의 낙인이 찍힌 가난한 자는 노동의 현장에서도 온갖 수모를 견뎌야 합니다. 사소한 실수 하나에도, 아니 실수를 하지 않았어도 돈 많은

'고객님' 앞에 무릎을 꿇습니다. 인간으로서의 존엄은, 가난 앞에서 처참히 무너집니다. 그 모욕감은 깊은 상처로 남을 것입니다.

신경림의 〈가난한 사랑 노래〉는 1988년 작입니다. 최규석의 『습지생태보고서』는 2005년 작입니다. 멀게는 30여 년, 가깝게는 10여 년이 지났지만, 우리 사회에서 가난은 여전히 죄입니다. 수치입니다. 부의 쏠림 현상은 더 심해지고 있고 20 대 80, 사회가 1 대 99로 격차가 더 벌어졌습니다. 청년들은 사회로 나오자마자 학자금대출 빚에 시달리고 생존을 위해 '저임금 고위험' 일에 내몰립니다.

어떻게 바꿔야 할까요? 대체 얼마나 시간이 더 지나야 빈부격차를 줄이고 소득불평등을 해소하고 가난이 죄가 되지 않는 사회가 될까요? 가난해도 누구나 스스럼없이 마음껏 사랑할 수 있는 사회가 오기는 하는 걸까요?

그런 사회가 오길 바라지만 쉽게 오진 않으리라 생각합니다. 그래도 기다려봅니다. 최군을 비롯한 『습지생태보고서』 속 등장인물들이 그 지난한 시간을 버텨냈듯이, 〈청춘시대〉의 윤진명이 사랑을 받아들였듯이, 가진 것으로 평가받지 않고 인간의 존엄이 존중되는 그런 사회를 기다려봅니다.

꼭 오리라 믿으렵니다.

가엾은 내사랑
빈집에 갇혔네

기형도

<빈 집>, 『기형도 전집』

유폐된 사랑

누군가와의 이별 후에 마음자리를 살펴봅니다. 그러면 반드시 그 누군가를 향한 사랑이 마음 한편에 여전히 살아있음을 느낍니다. 이별 후에도 사랑은 살아있습니다만 닿을 곳이 사라졌습니다. 누군가에게 힘차게 뻗쳐 가고, 누군가가 받아주던 감정을 억눌러야 할 때가 오고야 만 것입니다.

"보고 싶다."라는 말을 전할 수도, 사랑의 감정에 취해있을 수도 없으며, "잘 있느냐?"라는 호기심도, 사랑을 마음속에 머무르게도 할 수도 없는 상황입니다. 이러지도 저러지도 못하는 상황에서 할 수 있는 일이라곤 남아있는 사랑의 감정을 묻어버리는 겁니다.

쉽게 묻히거나 잊히면 좋으련만 대부분 그렇지 않습니다. 마음속에 머무는 사랑의 감정을 무시하고 싶지만 그것 역시 쉽지 않습니다. 누군가를 향한 그 감정은, 활시위에 얹힌 화살처럼 그를 향해 언제든 떠나려 하지만, 가닿을 곳은 이미 없어졌기에 공허함만 남습니다. 사랑을 잃고 공허해진 마음속에 오로지 사랑했던 이에 대한 감정만 홀로 우뚝 살아있습니다.

그럴 때 사랑을 가둬둡니다. 스스로를 '유폐'시키는 겁니다. 사랑의 감정과 함께 마음에 빗장을 걸어 잠급니다. 허해서 문을 닫습니다. 너무나 허해서, 그 허함을 견디기 힘들어서, 다른 누구와도 소통하지 싶지 않습니다. 언제까지고 사라지지 않을 것 같은 감정과 함께, 스스로를 유폐시킵니다. 굴속으로 기어들어가듯, 겉으로는 아무렇지도 않게 일상을 살아가지만 마음은 닫힌 상태로 살아갑니다.

> 장님처럼 나 이제 더듬거리며 문을 잠그네
> 가엾은 내 사랑 빈집에 갇혔네
>
> 기형도, 〈빈 집〉

집을 짓는 것처럼 사랑하던 이와의 기억은, 추억으로 바뀌어 마음 한자리를 차지하고 있습니다. 그 공간은 사랑하던 이와 함께 지었던 집과 같습니다. 첫 만남에서부터 가까워지는 순간, 같이 했던 모든 일이 켜켜이 쌓입니다. 그 공간은 오로지 사랑하던 이와 함께 할 때만 유효합니다. '함께'가 아니면, 그 공간은 이제 쓸모가 없습니다. 사랑할 때는 가장 행복한 공간이, 이별 후에는 가장 아픈 공간으로 변합니다. 그러면서도 그 공간에서 벗어나지를 못합니다. 사랑하던 이를, 차마, 놓지 못합니다. 아니, 놓기 싫습니다.

 충격을 이기지 못해 더듬거리며 문을 닫고 그 공간에 홀로 머뭅니다. 사랑하던 이와 함께 마련한 공간 안에 머물며 사랑의 감정을 곱씹습니다. 아파하면서도, 그 사랑을 가엾어하며 그렇게 합니다. 천 갈래 만 갈래로 찢긴 마음속 상처를 고스란히 견뎌내려 합니다.

 그 공간은 고요합니다. 고요해서 평온해 보이기도 합니다. 그러나 속울음을 삼키듯, 침묵 안에는 미처 발화되지 못한 절규가, 신음이, 비명이 숨어 있습니다. 그리고 언제든 돌아오면 환하게 손 벌려 마주하리라는 헛된 기대도 숨어 있습니다. 하지만 홀로 마주하고 있는 빈 공간에서 아무리 도리질을 한다 해도 떠난 이는 돌아오지 않습니다. 고요와 침묵을 견디며 홀로 있을 수밖에 없습니다. 아무리 견디기 싫어도 그렇게 해야 합니다.

 스스로를 유폐시킨 자에게는 오로지 유폐와 견딤의 기록이 남아 있을 뿐입니다. "사랑을 잃고 나는 쓰네."란 문장처럼 더 이상 희망이 없습니다. 침잠과 침묵만이 남아 있고, "더 이상 내 것이 아닌 열망들"과 이별해야 합니다.

가엾습니다.

유폐된 사랑도. 유폐된 사랑의 주인도. 유폐된 사랑을 가엾어하는 주인의 마음도. 덩그러니 마음속 한 편에 자리하고 있는 빈집도. 처연합니다. 고요가 싫고, 침묵이 싫습니다. 무엇보다 견디기 싫습니다. 견뎌야 하는 현실이 싫습니다. 하지만 달리 방도가 없습니다.

사랑을 잃고 쓰는 유폐의 기록.
〈빈집〉은 제게 그렇게 다가왔습니다.
이별 또한 〈빈집〉과도 같은 감정으로 다가왔습니다.

사랑을 잃고 쓴 유폐의 기록은 아직 마음속 어딘가에 남아있는지도 모르겠습니다. 여전히 빈집에 갇힌 채 말입니다.

> 잊어버리지
> 않는 사람만
> 글 쓰는 사람이 된다

황현산

『밤이 선생이다』

응시와 기억의 글쓰기

 누군가가 저에게 글을 왜 쓰냐고 물어보면, 사실 뚜렷한 대답이 떠오르지 않습니다. 글 쓰는 게 재미있어서 정도의 대답이 머릿속에 맴돕니다. 그러면 어떻게 글 쓰는 게 재미있냐는 반응이 따라옵니다. 글 쓰는 게 왜 재미있느냐면서 말이죠. 더 나아가 글을 잘 쓴다며 칭찬하는 사람들도 있습니다. 그 사람들은 어떻게 하면 글을 잘 쓸 수 있느냐고 물어봅니다. 글을 왜 쓰냐는 질문부터 어떻게 하면 글을 잘 쓸 수 있느냐는 질문까지, 글과 관련된 질문을 받을 때면 항상 난처해집니다.

 사실 처음부터 난처했던 것은 아니었습니다. 조금 우쭐해하기도 했으니까요. 글을 쓴다는 건, 글을 잘 쓴다는 건, 돈벌이는 못돼도 남들한테 자랑할 만한 것으로 인식되었기 때문입니다. 그러다 이내 부끄러워졌습니다. 글을 쓴다는 것은 자랑할 만한 것이 못됩니다. 표현의 욕구만 있으면 누구나 글을 쓸 수 있습니다. 저는 글을 잘 쓰지 못합니다. 다른 사람들의 문장을 탐하는 저로서는 제 문장이 영 마뜩지 않습니다. 주어와 술어가 가끔 꼬이기도 하고, 문장을 탐할 뿐 사람들에게 각인될 문장을 썼는지도 잘 모르겠습니다. 그래서 사실 글 잘 쓴다는 칭찬을 들으면 창피해집니다.

그럼에도 불구하고 저는 글을 씁니다. 스스로에게 묻습니다. 왜 글을 쓰는가. 여러 이유가 떠오릅니다. 가장 먼저 떠오르는 건 말은 주워 담을 수 없지만 글을 수정이 가능하다는 겁니다. 이 글을 쓰는 과정에서도 여러 번 백스페이스 바를 누르며 수정에 수정을 거듭합니다. 그러면서 제 생각을 정리하고, 잘못된 표현을 고쳐나갑니다. 그런 과정은 발화라는 형식으로 전해지는, 말로는 할 수 없는 일입니다. 말실수가 많은 저로서는 글이 말보다 편합니다. 그래서 글을 씁니다.

둘째는 누군가에게 제 얘기를 하고 싶어서입니다. 전 일기를 잘 쓰지 않습니다. 그때그때의 느낌을 메모로만 정리해두는 데 이 메모는 남에게 얘기하는 걸 전제로 합니다. 지금 쓰고 있는 이 글 역시 마찬가지입니다. 커뮤니케이션은 제게 본능과도 같습니다. 표현하지 못하면 답답합니다. 그걸 말로 할 경우에는 글보다 오해가 많이 생깁니다. 그래서 제 이야기를 조금 더 조리 있게 전하기 위해 글을 씁니다.

셋째는 전하고 싶은 얘기가 있어서입니다. 글을 쓰는 목적이라고도 할 수 있는데, 사람들과 나누고 싶은 이야기가 여럿 있습니다. 이 사회의 부조리한 면에 대해 비판하는 것부터 시작해 제 삶과 다른 이의 삶을 옥죄는 것에 대한 불만이 많습니다. 이건 아니다, 난 그렇게 생각하지 않는다, 난 동의하지 않는다는 식으로 어떤 사안을 비판하고 제 의견을 제시하기 위해 글을 씁니다. 그리고 제가 파악한 이런 것들을 다른 사람들과 나누기 위해 글을 씁니다. 제가 느끼기에 좋았던 것들에 대해서도 이야기를 나누고 싶습니다.

마지막 이유는 글을 쓰는 것이 재미있기 때문입니다. 글을 쓰다 보면 생각지도 못했던 낱말이 떠오르고, 마치 살아 있는 것처럼 애초에 의도했던 것과는 전혀 다른 결과물이 나오기도 합니다. 물론 글 쓰는 과정은 생각보다 쉽지 않습니다. 한 문장도 쓰지 못할 때도 있고, 애써 쓴 글을 다시 읽어봤는데 창피해 죽을 지경이 되는 경험도 부지기수입니다. 때로는 이게 뭐라고 하루 종일 미처 마무리 짓지 못한 글에 사로잡혀 다른 일은 하나도 하지 못할 때도 있습니다. 그럼에도 전 이 과정이 즐겁습니다. 그래서 글을 쓰는가 봅니다.

글을 왜 쓰는가에 대해 조지 오웰은 정치적 목적을 얘기합니다. 그가 말하는 정치적 목적은 분명합니다. 전체주의에 반대하고, 민주적 사회주의를 지지하는 일입니다. 언론인 김선주에게 글은 반동이고 불온이고 안티입니다. 동의만 할 거면 글 쓸 필요가 없다고, 난 그렇게 생각하지 않는다고, 다른 의견을 얘기하기 위해 글을 쓴다고 합니다. 아우슈비츠의 생존자 프리모 레비에게 글 쓰는 일은 인간으로서의 기록이었습니다. 자신이 인간임을 망각하지 않고, 살아내기 위해 그는 글을 썼습니다. 그에게 글은 아우슈비츠의 일을 기록하고, 파시즘에 대해 경고하는 일이었습니다.

왜 쓰는가에 대해 명확한 이유를 밝히지 않은 수많은 작가들이 있습니다. 목적이 어찌 됐든, 픽션이든 논픽션이든 작가들은 자신만의 색깔로 글을 썼고, 주옥같은 문장이 담긴 책을 냈습니다. 그 안에는 자신의 생각과 사유의 결과, 인생의 의미 등이 오롯이 담겨 있는 경우가 많습니다. 책이 인간 사유의 총합이라는 말은, 그래서 빈 말이 아닙니다.

작가들이 쓴 책을 보면서 글 쓰는 행위에 대해 생각해봤습니다. 왜 쓸까요? 노트북을 켜놓고 자판을 토닥거리는 와중에도 끊임없이 질문을 던지게 됩니다. 그 와중에 뒤통수를 강하게 때리는 한 문장이 떠오릅니다. 어쩌면 글을 쓰는 진정한 이유가 이게 아닐까 합니다. 황현산의 문장입니다.

언제나 끝까지 잊어버리지 않는 것은
글 쓰는 사람들이다.

사실은 잊어버리지 않는 사람만 글 쓰는 사람이 된다.

황현산, 『밤이 선생이다』*

잊지 말아야 할 일들이 있습니다. 잊지 못해서 기억하는 일도 있습니다. 잊고 싶어도 잊히지 않는 일이 있습니다. 그것은 보통 즐거운 추억보다는 아픈 기억인 경우가 더 많은 것 같습니다. 누군가의 죽음, 누군가와의 이별, 누군가의 부재(不在) 등 개인적인 아픈 기억이 떠오를 때 전 글을 씁니다. 정확히 말하면 그 아픔을 글 속에 녹여내야 한다고 봅니다. 그렇게 글을 써야만 겨우 숨을 쉴 수 있을 때가 있습니다.

잊지 말아야 할 사회적인 사건이 가슴에 응어리져 있을 때도 글을 씁니다. 남들이 잊은 것 같아 분노할 때도 글을 씁니다. 저 멀리 제쳐둔 것처럼 여겨지는 과거의 기억을 더듬으며, '이대로 잊을 텐가'라며 누군가에게 일갈하듯 글을 쓰고 싶을 때도 있습니다.

망각은 편합니다. 한때 가슴을 관통당한 듯 쓰라렸던 기억이 망각의 길로 접어들면 언제 그랬냐 싶게 잘 살아갑니다. 망각은 무관심을, 무관심을 불감을 부르기 마련입니다. 어떤 아픔도 불감에는 맥을

---

*   황현산, 『밤이 선생이다』(문학동네, 2013), 32쪽.

못 춥니다. 그래서 황현산의 저 말은, 아픔을 잊지 않고, 분노를 참지 말고, 남들이 망각의 늪에 빠져있을 때 깨어있는, 아픔과 분노를 잊지 않는, 그런 글을 쓰는 사람이 되라는 죽비처럼 느껴지기도 합니다.

개인의, 사회의, 우리 주변 사람들의 아픔이 묻어나고, 그 아픔에 공감하는 글이 제게는 필요합니다. 그들의 아픔을 응시하고, 기억하는 글쓰기가 필요합니다.

잊어버리지 않는 사람만 글 쓰는 사람이 된다는 황현산의 말은, 그래서 제게, 왜 글을 쓰는가에 대한 명확한 답이 되어버렸습니다.

잊지 않기 위해,
잊지 않는 사람이 되기 위해,
응시하고 기억하며,
오늘도 저는 글을 씁니다.

> 헤어진 사람이
> 부디 잘 버티며
> 생을 걸어가다오

윤대녕
『그녀에게 얘기해주고 싶은 것들』

헤어진 사람아, 부디…

겨울을 좋아합니다.

겨울이 가고 봄이 올 무렵부터 겨울을 기다립니다. 곰곰이 생각해본 적이 있습니다. 왜 겨울을 좋아하는지. 몇 가지 이유를 찾아냅니다. 우선 '정적'입니다. 봄과 여름, 가을은 겨울에 비해 상대적으로 시끌벅적합니다. 뭔가 새롭게 시작해야 할 것 같고, 한낮의 뜨거운 열기 속에서 뭔가를 해야만 할 것 같고, 뭔가 결실을 맺어야 한다는 압박을 느끼게 합니다. 반면 겨울은 그런 부담이 없습니다. 아무것도 하지 않아도 되는 듯이 느껴집니다. 그 정적, 적막, 무료, 그리고 쉼의 상태를 좋아합니다.

두 번째 이유는 살아있는 느낌을 주기 때문입니다. 낙엽이 모두 떨어진 앙상한 나뭇가지, 한기로 얼어붙은 거리, 아침이면 하얗게 내려앉는 성에 등 겨울은 냉기를 머금고 있습니다. 그 냉기 안에서 온기를 품고 있는 제가 온전히 살아있는 것 같습니다. 별 노력을 하지 않더라도, 삶이 무료하더라도, 온기를 품고 있다는 것 자체만으로 충분히 살아있는 느낌을 가지게 됩니다.

마지막으로 겨울은 온기 품은 것은 무엇이든 소중하게 느껴지기에 좋습니다. 신영복 선생이 그랬던가요. 여름 감옥에서는 죽이고 싶을 만큼 옆 사람이 미워지다가 겨울이면 그 사람의 체온이 소중하다는 걸 느낀다고 말입니다. 겨울은, 아무리 누추한 사람이라도, 추레한 인생일지라도, 온기를 갖고 있다는 이유만으로도 그 사람을 소중하게 만드는 힘이 있습니다.

이런 이유 때문에 겨울을 좋아합니다만, 바로 이 이유 때문에 겨울이면 마음이 심하게 널뛰기를 합니다. 조증과 울증이 번갈아가면서 마음자리를 차지합니다. 정적과 적막이 좋다가도 쓸쓸하고, 내 몸의 체온이 따뜻하다가도 버겁고, 다른 이의 온기를 그리워하다가도 그리움을 견디다 못해 차라리 온기 품은 누군가가 아예 없었으면 좋겠다는 생각도 합니다.

그렇게 겨울을 좋아하기에, 저는 겨울을 탑니다. 그러다 문득 누군가를 좋아하는 마음이 계절을 타는 것과 마찬가지라는 생각이 듭니다. 하루에도 몇 번씩 심하게 요동치는 게, 온통 어떤 특정한 대상 때문에 마음이 들썩이는 게, 누군가를 좋아하는 마음이니까요.

돌이켜보면 겨울에 누군가를 사랑했고, 누군가를 떠나보냈습니다. 겨울에 온기를 찾아 헤매었습니다. 그 온기를 찾다가 휘청댄 때도 겨울이었습니다. 후들거리는 마음을 어떻게든 진정시키려, 그토록 좋아하는 겨울이 어서 지나가기를 원한 적도 있습니다. 겨울만 지나면 떠나간 사랑이 잊힐 것만 같았습니다. 겨울만 지나면 지금보다 훨씬 덜 아플 것만 같았습니다. 모든 게 겨울 탓인 듯했습니다. 누군가를 만나기 위해서는 어서 겨울이 와야 한다고, 누군가와 헤어진 후에는 이 겨울이 어서 가야 한다고 했습니다. 헤어진 이가 걸핏하면 떠오르는 이유도 겨울이 왔기 때문이라고 여겼습니다. 그리하여 겨울은, 제게 애증의 대상입니다. 겨울이 오기를 기다리면서도, 막상 겨울이 오면 어서 가기를 기다리는, 떠나지도, 떠나보내지도 못하는 사랑과 같은 계절입니다.

겨울이 애증의 대상이듯 헤어진 사람 역시 애증의 대상이었습니다. 나 없이도 행복하기를 바라다가 내가 없어서 불행하기를 바랍니다. 웃기를 바라다가 울기를 바랍니다. 내가 사라진 세상에서도 잘 살고 있는 걸 확인하면 안심이 되면서도 노여워합니다. 이렇게 널뛰기하는 마음을 지니고 살아야 하는 건 피곤한 일입니다. 일단락되지 않아 마음이 사납습니다. 겨울을 타듯 사람을 탑니다. 천변만화하는 마음을 제 자리에 두지 못합니다.

때 되면 반드시 오고, 때 되면 반드시 가는 게 계절이듯, 때 되면 만나고 헤어지는 게 사람입니다. 하지만 머리로는 이해하면서도 마음으로 받아들이긴 힘듭니다. 누군가를 만나고 헤어지는 게 당연한 일이라고 하지만, 또 누구나 그걸 겪는다고 하지만, 막상 헤어짐을 겪어보면 압니다. 나만의 특별한 경험이라고 생각했던 일들이, 누구에게나 일어나는 세상의 당연한 이치인 것 마냥 사람들의 입에서 회자될 때 얼마나 화가 나는지를요. 나와 똑같은 경험을 누군가도 하고 있다는 건 위안이 되기도 하지만, 내 특별한 경험이 보편화되는 건 참기 힘듭니다. 만남과 헤어짐에 따른 고통의 강도는 다를 수밖에 없기 때문입니다.

회자정리(會者定離)란 말을 머리가 아닌 가슴으로 받아들이기까지는 생각보다 아프고 긴 세월을 견뎌내야 합니다. 한때 곁에 머물다 떠난 이에 대한 애증은 참 질기게도 남습니다. 고통의 강도와 애증은 정비례합니다. 하지만 언젠가는 그게 희미해집니다. 미련이 체념으로 변하고, 조금씩이나마 상처가 아뭅니다. 그렇게 떠난 이에 대한 애증이 사라지는 날, 어떻게든 다친 마음을 치유한 날, 그래서 헤어진 이의 남은 생이 염려되는 날, 헤어진 사람에게 마음속으로나마 이렇게 말할 수 있을 겁니다.

헤어진 사람아.

갑자기 밤에 눈이 내려 길이 보이지 않더라도 부디 잘 버티며 생을 걸어가다오.

윤대녕, 『그녀에게 얘기해주고 싶은 것들』[*]

봄에 만나 겨울이 되기 전 헤어진 사람에게 윤대녕은 저렇게 말합니다. 떠난 후 '부디'라는 바람으로 헤어진 이의 삶을 걱정하고 염려합니다. 이 한 마디 말에, 여러 의미가 담겨 있는 듯합니다.

'헤어진 사람아'라고 호명하는 행위는, 이제 그 사람이 나에게서 완전히 떠났음을 받아들이는 것과 같습니다. 그 인정은 생각보다 쉽지 않습니다. 속으로 생각하는 것을 말과 글로 뱉었을 때 그건 변치 않는, 이제는 변할 수 없는 사실로 확정되기 때문입니다. "갑자기 밤에 눈이 내려 길이 보이지 않"는 그 상황은, 헤어진 사람에게 닥칠 위기를 상정합니다. 그런 위기가 닥쳤을 때 과거에는 함께 헤쳐갈 수 있지만, 이제는 홀로 감당해야 하기에 더 걱정이 될 수밖에 없습니다. 미처 거두지 못한 사랑이나 미련이라기보다는 한때 곁에 머물던 이에 대한 떼려야 뗄 수 없는 염려가 아닐까 생각합니다.

그리고 마지막 문장, "부디 잘 버티며 생을 걸어가다오." 헤어진 사

---

[*] 윤대녕, 〈작가의 말〉, 『그녀에게 얘기해주고 싶은 것들』(문학동네, 2001), 213쪽.

람이 부디, 제발, 잘 버티며 살아가길 바라는 그 마음은, 이제는 완전히 떠난 사람에 대한 마지막 바람입니다. 한때 인연이었던, 또 앞으로 신산한 삶을 살아갈 것만 같은 사람에게 전하는 마지막 말입니다. 헤어진 사람이라 규정하고 전하는 말이기에 저 말이 주는 울림은 제법 큽니다. '잘 살아달라'는 그 한 가지 바람 이외에 아무것도 기대하지 않기에 더욱더 진심이 느껴집니다.

그렇게 '체념'과 '치유'와 '염려'와 '소망'이 저 문장 하나에 들어 있는 듯합니다. 주위를 모두 태울 듯한 불같은 애증이 잦아들고 잔불 같은 염려와 소망이 은은하게 마음을 덥히고 있는 걸 느낍니다. 열기가 갑자기 냉정과 냉소로, 외면으로 변한 게 아니라 온기로 남은 것 같아 나와 나를 떠난 이 모두를 따뜻하게 덥혀 주는 것 같아 다행입니다.

문득 헤어진 사람들이 떠오릅니다. 그들의 삶이 궁금합니다. 잘 걸어가고 있는지, 넘어지진 않았는지 염려됩니다. 그러다 마음속으로 "헤어진 사람아, 부디…"라고 속삭입니다. 그리고 한마디 말을 보탭니다.

"헤어진 사람아. 이제야, 온기를 전해 미안합니다."

> 고백하건데
> 이 나이가 되어도
> 아직 어떻게
> 살아야 되는지
> 모른다

마루야마 겐지

『산 자에게』

나 역시 모른다

언제부터인가 화두가 되었습니다.

어떻게 살아야 하는지가…. 그 화두가 갑자기 제 인생에 끼어들었습니다. 잘 살아왔고, 잘 살아가리라 장담하던 저에게 말이죠. 별 고민 없이 살아왔습니다. 지나고 보니 굴곡도 별로 없었습니다. 무슨 대단한 결심을 할 일도, 삶이 흔들릴 만한 위기도 없었습니다. 계획이랄 것도 없었고, 계획을 세워야 할 필요도 느끼지 못했습니다. 그렇게 살아온 삶을 순리대로 살아온 거라고 치장했습니다. 그러다 문득, 허기가 밀려왔습니다. 한 번 주어진 삶을 이리 살아도 되는지 고민이 시작되었습니다. 어제와 같은 오늘, 오늘과 같은 내일을 살아갈 것만 같아 기가 질렸고 기갈(飢渴)을 느꼈습니다.

답을 찾고 싶었습니다.

사는 게 뭔지, 어떻게 사는 게 맞는 건지, 무엇을 위해 살아야 하는 건지. 만약 답이 있다면 찾아보고 싶었습니다. 하지만 고민이 시작될 때부터 알고 있었습니다. 답은 없다는걸. 다른 사람이 정답이라고 말하는 삶의 방식도 정답은 아니라는 것을. 삶에 정답이 있다면, 그게 더 이상할 겁니다. 삶이란 미래의 불확실성을 빼놓고는 이야기할 수 없기 때문입니다. 당장 내일 무슨 일이 벌어질지, 어떤 장애물이 가로막을지, 어떤 길이 펼쳐질지 모르는데 정답을 논하는 건 어불성설입니다.

삶이 어찌 흘러갈지는 아무도 모르지만, 삶에 대처하는 방식은 각기 다릅니다. 뭔가를 이루려 꽉 짜인 시간표처럼 삶을 사는 사람이 있는 반면 흘러가는 대로 사는 사람도 있습니다. 삶에 대해 심각하게 고민하는 사람이 있는가 하면 별 고민 없이 하루하루를 살아가는 사람도 있습니다. 하루의 노동에 허덕여 삶을 고민하는 것 자체가 사치로 여겨지는 이도 있고 삶의 작동 방식을 다 아는 것 마냥 허허롭게 살아가는 사람도 있습니다.

삶을 대하는 태도 역시 다릅니다. 삶이 힘겨운 사람에게 삶은 두렵고 심각한 무엇입니다. 매번 위기가 닥쳐오는 사람에게 삶은 넘어야 할 큰 산맥과 같을 겁니다. 삶이 참 편한 사람에게 삶이란 태생적으로 이미 주어진, 자신이 누려야 마땅한 토대일지도 모릅니다. 그냥저냥 살아가는 이에게 삶은 지루함으로 다가올지도 모르고, 여기저기에 얽매여 감옥살이처럼 살아가는 이도 있을 겁니다. 그렇게 삶을 대하는 태도를 상상해보니 '사는 게 다 똑같지'란 말이 나오지 않습니다.

따지고 보면 누구나 삶을 자신의 의지로 시작하지 않았습니다. 우리는 모두 느닷없이 세상에 태어납니다. 아무런 준비 없이 세상과 마주합니다. 태어나 보니 부모를 비롯한 가족이 저를 기다리고 있었습니다. 물론 그렇지 않은 사람도 있었을 테지요. 태어나 보니 내가 누구나 원하는 생명일 수도 있고, 누구도 원하지 않았던 생명일 수도 있습니다. 가정 형편이 좋을 수도, 좋지 않을 수도 있습니다. 부모가 곁에 있을 수도, 없을 수도 있습니다. 그렇게 처한 상황은 다르지만, 느닷없이 주어진 삶이라는 건 똑같습니다.

삶은 처음에 의무로 시작하는 듯합니다. 주어진 삶이고, 부모의 돌봄이 몹시 필요한 어렸을 적에는 자신의 의지대로 움직이기 힘들기 때문이죠. 그런데 어느 정도 시간이 지나면 삶은 권리로 바뀝니다. 그 시기 또한 다르겠지만, 주어진 삶을 어떻게 꾸려야 할지 고민하는 순간이 옵니다. 자기 삶의 주체가 되는 과정입니다. 그때 사람들은 나보다 먼저 살아간 이의 발자국을 쫓기도 합니다. 위인전에 나오는 이들의 삶에서 배울 거리를 찾으려 하고, 소위 성공한 이들의 삶의 방식을 따라가기도 합니다. 그러다 온전히 자기 길을 찾는 이도 있고, 방황만 거듭하는 이도 있고, 찾는 걸 포기하는 이도 있고, 처음부터 찾지 않는 이도 있습니다.

삶은 어쩌면 회의(懷疑)의 연속인지도 모릅니다. 그래서 정답이 없는 건지도 모릅니다. 하나의 목표를 세워놓고 삶을 살다가도 갑자기 의심이 듭니다. 이게 맞는 삶인가 싶은 거죠. 아무런 목표 없이 살아가다가도 의심은 찾아옵니다. 이렇게 나태해도 되는지, 이리 살아도 괜찮은 건지, 문득문득 회의에 빠집니다.

누군가와의 관계 맺음이 버겁고 충족되지 않는 욕망 때문에 허기가 집니다. 남들 하는 만큼 살아가는 게 왜 이리 힘든지 우울합니다. 잘 살고 있는 것처럼 위장하며 삽니다. 그렇게 남을 속이고, 나를 속입니다. 마음속은 끊임없는 회의로 요동치고 있는데도 겉으로는 평범한 일상을 구가하고 있는 겁니다.

"고백하건대 이 나이가 되어도 아직 어떻게 살아야 되는지 모른다. 말로는 알고 있는 내가 있어도, 다른 내가 쉴 새 없이 그 말을 의심한다. 모르기 때문에 속이면서 살고 있다는 편이 맞을지 모른다."*

그 어떤 이보다 자유롭고 독립적으로 사는 듯 보이는 마루야마 겐지도 이렇게 말합니다. 1943년 생으로 칠순이 넘은 나이에 그는 어

---

*   마루야마 겐지, 강소영 옮김, 『산 자에게』 (바다출판사, 2017), 234쪽.

떻게 살아야 하는지 모른다고 고백합니다. 여러 에세이를 통해 어디에도 얽매인 삶을 살아서는 안 된다고 꾸짖듯 말하는 그 역시 자기 삶에 대해 회의합니다.

이 문장을 읽고, '인간 삶'의 본모습을 살짝 엿본 느낌이 들었습니다. 경험이 많다고, 남들이 겪지 못한 모진 삶을 살았다고, 고생 끝에 성공했다고, 남들보다 훨씬 나은 삶을 산 듯 보여도, 어느 누구도 어떻게 살아야 하는지 확신을 못한다는 생각이 든 것입니다. 오히려 그걸 인정하는 것, 삶에는 정답이 없고, 어떻게 살아야 하는지 모르겠다며 삶을 회의하는 모습이 삶의 본질에 가까울지도 모릅니다.

모든 인간에게 삶은 처음입니다. 모르는 게 당연하고, 모를 수밖에 없습니다. 삶은 어렴풋합니다. 투명하지 않고 확실하지 않습니다. 정답도 없고, 정확하지도 않습니다. 확실히 보인다고, 이 길이 맞는 길이라고, 정답이 있다고, 자신을 속이고 남을 속이고 있을 뿐입니다. 끊임없이 회의하고 의심하고 헤맬 수밖에 없는 게 삶입니다. 그런 삶이 오히려 더 인간답다는 생각도 해봅니다.

때로는 삶에 정답이 있는 것처럼 구는 사람들의 말에 따라, 남들이 정해놓은 기준에 맞춰, '이렇게 살아야 잘 산다'는 관념 혹은 관습에 휘둘리면서 살다가 스스로를 자책하기도 했습니다. 기준에 미달

되는 것 같아서 말이죠. 하지만 이제는 그럴 필요가 없다는 걸 알겠습니다. '사는 건 이런 거다'라고 말하는 사람 역시 자기 삶을 확신할 수 없다는 걸 깨달았기 때문입니다.

어떻게 살아야 하는지, 저 역시 아직 모릅니다. 사실 지금보다 더 나이가 든다고 해서 알 것 같지도 않습니다. 그래서 삶의 정답을 구하려는 일을 그만하려 합니다. 대신 남들이 말하는 삶의 기준에 휘둘리지 않으려 합니다. 회의는 할망정, 남이 세운 기준이 아닌 제가 정한 기준대로 삶을 살고 싶습니다. 그래야 후회하지도, 책임을 회피하지도 않을 것 같아서입니다.

그렇게 오롯이 제게 주어진 몫으로서의 삶을 살아가려 합니다.

3장 마디

마음속 매듭은 언젠가 마디가 됩니다.
나무나 풀이 성장하기 위해서는 마디가 필요합니다. 대나무가 커 가면서 마디를 남기듯 성장하기 위해서는 반드시 필요한 게 마디입니다. 그 마디에서 새순이 돋고 줄기와 가지가 솟고, 잎이 자랍니다. 마디마디마다 생명이 돋아납니다.

튼튼한 마디가 있어야 대나무가 위로 곧게 솟을 수 있듯이 인생에도 이런 마디가 필요합니다.
시련과 아픔을 비롯한 여러 경험들이 마음속에서 매듭지어져 마디가 될 때, 그 마디에서 새로운 줄기가 돋아나듯 새로운 인생을 열어갈 수 있습니다. 또 나무의 마디에서 좌우로 가지가 자라나듯 인생의 여러 국면에서 생성된 마디는, 또 다른 길이 있음을 상기시키고, '나'만이 아닌 '타인'을 돌아보게끔 합니다.

내 경험에서 타인을 돌아보게 되고, 타인의 입장에 서보는 것. 그것은 공감입니다.

이 공감능력은 상상력과 맞닿아 있습니다. 모든 사람의 경험이 다 같을 수는 없기에, 같은 일을 겪어도 그걸 느끼는 심정은 모두 다르기에, 누군가에게 공감하기 위해서는 상상력이 필요합니다.

3장은 다른 사람, 다른 삶, 다른 세상을 돌아보게 하고, 삶을 다시 시작하게끔 이끌어준, 결과이자 시작을 품고 있는, 마디의 문장입니다.

멀리도 가까이도 말고
그저 계절이
바뀔 때만이라도
한 번씩 봤으면
싶군요

윤대녕
<상춘곡>, 『많은 별들이 한 곳으로 흘러갔다』

여전히 네 자장(磁場) 안

멀리 떠나온 줄 알았습니다.

이젠 잊었다고 여겼습니다. 다시는 아프지 않을 거라 장담했습니다. 세월이 흐른 만큼 상처도 아물었으리라 짐작했습니다. 불같은 감정이 잦아든 게 그 증거라고 생각했습니다.

그러다 이별한 이를 다시 만나면 깨닫습니다. 그이로부터 한 발짝도 벗어나지 못했다는 것을요. 살포시 덮어두었을 뿐 미처 거두지 못한 그에 대한 사랑과 이별의 기억은 상처가 되어 여전히 마음속에 도사리고 있었습니다. 아프지 않은 게 아니라 아프지 말아야 한다는 당위로 버텨온 세월이었습니다. 아플 자격조차 없다며 묻어두었을 뿐이었습니다. 아문 줄 알았던 상처는 하나도 아물지 않았고, 불같은 감정은 잦아든 게 아니라, 오로지 살기 위해 그 불을 꺼두어야만 했던 것이었습니다. 자석 주위에 형성된 자기장처럼, 여전히 누군가와 사랑하고 이별하는 자장(磁場) 안에 머물고 있었습니다.

불같이 사랑하고, 불같이 헤어진 그이를 다시 만납니다. 전과는 달리 한결 가벼워진 마음으로 만나기에 괜찮을 줄 알았습니다. 허나 괜찮지 않습니다. 그에게 준 상처가 생각나고, 그와 함께 했던 순간이 상기됩니다. 우연히 만났지만, 내내 이 순간을 기다려온 건지도 모르겠습니다. 보고 싶다는 마음은 변치 않았으니까요. 대신 그에게 상처를 주었기에 염치는 차려야 합니다. 그래서 이렇게 말합니다.

"멀리도 가까이도 말고 그저 계절이 바뀔 때만이라도 한 번씩 봤으면 싶군요."

윤대녕, 〈상춘곡〉

단칼에 무를 베어내듯 인연이 한 번에 끊어지는 경우도 있습니다만, 인연의 끈은 생각보다 쉽게 끊어지지 않습니다. 때로 세월이 흘러 다시금 인연이 닿기도 합니다. 다행인지 불행인지조차 명확지 않은 상태에서 그렇게 끊긴 줄 알았던 인연을 다시금 만납니다. 그렇게 누군가를 다시 만났을 때 행인지 불행인지조차 모르게 만드는 것, 상처를 희석시키고 끊겼던 인연을 이어주는 게 세월의 진정한 힘인지도 모릅니다. 그 인연의 형태가 전과는 다를지라도, 한번 맺어진 인연은 생각보다 질긴 탄성(彈性)을 보여줍니다. 끊길 듯 끊이지 않는, 질기디질긴 인연의 끈입니다.

보고 싶어 했습니다. 그래서 말합니다. 멀리도 가까이도 말고, 계절이 바뀔 때마다, 적어도 1년에 4번 정도는 한 번씩 보고 싶다는 저 말속에 회한이 묻어 나오는 건 저만의 느낌일까요? 어떻게든 보고 싶지만, 그이에게 준 상처가 있기에 저런 말로 에두른 것은 아닐까요? 상대방이 저 말에 화답하는 순간, 인연의 끈은 다시 이어집니다. 허나 그 인연이 어디로 향할지는 아무도 모릅니다. 서로에게 준 상처가 여전하기 때문입니다.

'다시'란 말은 '반복'이란 뜻을 품고 있습니다. '이제 다시 시작'이라고 호기롭고도 묘한 기대와 함께 말하지만, 내가 그에게 준 상처가 아물었는지, 그에게 향한 내 마음이 대체 어떤 감정인지조차 모릅니다. 계절이 바뀔 때마다 한 번씩 보자는, 멀리도 가까이도 말고 그렇게 보자는 말이 그에게 어떻게 받아들여질지도 모릅니다. 끊긴 인연을 '다시' 잇고자 하지만, 인연을 끊기게 했던 그 잘못을 '반복'할지 모른다는 두려움도 존재합니다.

그럼에도 불구하고 다시 보자고 말할 수밖에 없습니다. '다시' 시작했을 때의 두려움보다, 반복해서 상처를 주고받을 수 있다는 무서움보다, 계절이 바뀔 때라도 한 번씩 보고 싶다는 마음이 앞서기 때문입니다. 여전히 그의 자장 안에, 그와의 추억 안에 내가 갇혀 있기 때문입니다.

압니다. 전과 다른 관계라는 것을요. 또 압니다. 전처럼 돌아갈 수 없다는 것을요. 살아낸 세월이 다르고, 마음속에 깃든 상대방의 무게가 각기 다를 수밖에 없는걸 압니다. 전과 같은 관계를 원하지 않는다는 것 또한 압니다. 그럼에도 누군가가 보고 싶고, 만나고 싶습니다. 그 마음을 단칼에 베어내면 좋으련만 그러지 못합니다. 아니 그러기가 싫습니다. 남은 생이 얼마나 될지는 모르지만, 그래도 소식 주고받고 보고 싶습니다. 사랑과 이별의 기억이 끊임없이 평온한 마음속을 헤집을 걸 알지만, 보지 않고는, 보자는 말을 하지 않고는 못 배깁니다.

만남과 헤어짐을 반복하는 게 인생이고, 그게 당연한 진리인 것처럼 여겨지지만 헤어짐 없는 만남이 있다면 얼마나 좋을까 생각합니다. 그렇다면 마냥 행복할 것만 같습니다. 더 이상 아프지도 후회스럽지도 상처를 안고 방황하지도 않을 것만 같습니다. 그래서 누군가를 사랑할 때마다 헤어지지 않기를 바라지만, 끝내 헤어짐은 찾아오고야 맙니다. 떼인 빚을 받으러 온 빚쟁이처럼, 헤어짐은 부지불식간에 느닷없이 찾아오고, 그 헤어짐을 마주할 때마다 어김없이 상처가 남습니다. 그리고 그립습니다. 헤어진 이가 그립고, 누군가를 사랑하던 시절의 제가 그립습니다. 하지만 헤어짐은 그리움마저 상처로 만들고야 맙니다.

그런 상태에서 헤어진 이와 다시 만난다는 건 상처를 재확인하는 일이 됩니다. 꽁꽁 싸매두었던 상처를 들쑤시는 일이 됩니다. 그렇지만, 어쩌겠습니까. 누군가에게 잊힌 사람이 되기보다는, 어떻게든 그 사람 앞에 모습을 드러내고 싶은 마음을 어떻게 숨길 수가 있겠습니까.

그래서 짠합니다. "멀리도 가까이도 말고"라며 한발 물러서서 넌지시 보고 싶다는 말을 전하는 이의 마음이, "계절이 바뀔 때만이라도"라며 두루뭉술하게 만남의 횟수와 시기를 정해두고픈 그 마음이 애잔합니다. 벚꽃 필 때 한번 보자는 말에, 남쪽으로 내려가 벚꽃 개화 시기 맞춰 조금씩 북쪽으로 올라가며, 끝내는 그의 곁으로 가고자 하는 그 마음이 애틋합니다. 인연이란 질긴 끈의 탄성을 믿으며, 한 발짝씩 그의 곁으로 다가가는 것 같아 위태롭기까지 합니다.

그렇게 자칫 잘못하면 천길만길 낭떠러지로 떨어질 줄 알면서도, 인연의 끈 위에 올라 조금씩 그에게 다가갈 수밖에 없는 '서러운 외줄 타기'를 합니다. 못내 숨기지 못한 사랑, 미처 거두지 못한 시선, 마저 믿고 싶은 인연이란 운명, 내내 서러워 조금은 희석된 듯한 상처를 부둥켜안은 채, 어떻게든 인연의 끈을 부여잡고 싶은, 그 처연하면서도 서러운 외줄 타기를 하는 이들이 분명 있을 터입니다.

부디 그들이 멀리도 가까이도 말고 계절이 바뀔 때만이라도 한 번씩 보게 되길, 바라고 또 바랍니다.

달빛은 밝고
마음은 사사로운
밤이었다-

김애란

<네모난 자리들>, 『침이 고인다』

이 밤, 모두가 사사롭길…

늦은 밤에 타는 버스 안에는 기묘한 공기가 흐릅니다. 술 냄새와 함께 하루를 마치고 집으로 향하는 이들의 피곤함이 버스 안에 공기처럼 부유합니다. 그 와중에도 버스는 힘찬 엔진 소리를 내며 달리고 차창 밖으로는 밤을 시샘하는 듯 온갖 불빛이 피곤한 몸을 이끌고 안식처로 가는 이들의 졸음에 겨운 눈을 붙잡습니다. 아직 집에 갈 때가 아니라고 속삭이는 듯합니다.

새벽의 버스가 일터로 나가는 이들의 마음처럼 긴장되고 냉랭한 고요를 품고 있다면 밤의 버스는 풀어헤친 넥타이 마냥 한없이 이완된 고요를 안겨줍니다. 졸음에 겨운 눈을 비빌 필요조차 없이 잠으로 빠져들고, 스마트폰의 파란 불빛을 느긋하게 바라보고, 머리를 기대고 눈을 감은 채 하루 동안 쉴 새 없이 움직였던 몸과 머리를 쉬게 합니다.

하루 동안의 피로가 가수면 상태로 버스 안에 몸을 실은 이들에게 풍겨 나오고, 저마다의 피로가 하나로 모아져 밤 버스 안을 적막으로 물들입니다. 다음 정거장을 알리는 날카로운 안내방송과 카드 체크기 소리가 적막을 깨뜨리곤 하지만, 그것도 잠시, 다시 밤 버스에는 적막이 찾아옵니다.

밤이 그렇듯 밤 버스 안은 사사로운 기운으로 넘쳐납니다. 조금 전까지 원치 않는 회식 자리에서 잘 마시지도 못하는 술을 마시며 직장 상사의 가당치도 않은 농담에 억지웃음을 지었던 이들. 거래처 사람들과의 접대 자리에서 갑들의 비위를 맞추느라 자존심 따위는 다 내다 버렸던 이들. 야근과 격무에 시달려 벌게진 눈으로 거울을 보며 '이렇게 살면 안 되는데'라고 혼잣말했던 이들. 늦은 밤까지 학교에 남아 고개 처박고 공부하면서도 대체 언제쯤 이 고단한 시기가 끝날지 회의하던 이들. 오랜만에 만난 친구와 즐거운 시간을 보낸 뒤에도 허전함을 달래지 못한 이들. 어떻게든 한 잔 더하려고 집에 가려는 이들을 붙잡으며 기어코 술에 취하고만 이들.

저마다 밤 버스를 탄 사연은 다르지만, 이들에게서 풍겨 나오는 피곤함은 동일합니다. 그 피곤함을 달래줄, 가장 사적인 공간인 '집'을 향해 가는 버스 안은, 벌써부터 사사로운 기운으로, 마저 사사롭길 바라는 기대로 가득합니다.

밤은 사사롭습니다.

사사로움은 밤이 주는 선물입니다. 낮이 긴장과 경직의 시간이라면, 밤은 이완과 평온의 시간입니다. 달빛이 아무리 밝더라도, 모든 세상을 다 비추지는 못합니다. 낮의 그늘은, 낮의 빛이 강한 만큼 더 짙습니다. 허나 밤의 그늘은 희미합니다. 그늘을 만들어내는 빛이 희미하기 때문입니다. 그래서 이렇게 말하고 싶습니다. 선명한 명암을 보여주는 낮이 이성의 영역이라면, 희미한 명암을 만들어내는 밤은 감성의 영역이라고 말이죠.

"달빛은 밝고 마음은 사사로운 밤이었다."

김애란, 〈네모난 자리들〉[*]

밤은 마음을 너그럽게 만듭니다. 경직된 몸과 마음을 풀어 헤칩니다. 멍 때리고, 공상에 빠지고, 술 한 잔에 행복해지고, 시답지 않은 말에도 미소 짓게 만드는 게 밤의 힘입니다. 밤의 대화는 더 내밀하고, 밤의 속삭임은 더 은근합니다. 낮보다 밤에 만나는 사람이 더 매력적이기도 합니다.

밤은, 사람이 살아가기 위해 어쩔 수 없이 써야만 하는 가면이 조

---

[*] 김애란, 〈네모난 자리들〉, 『침이 고인다』 (문학과지성사, 2007), 230쪽.

금 헐거워지고 맨얼굴을 살짝 엿볼 수 있는 시간인지도 모릅니다. 시퍼렇게 날이 서 있는 칼이 칼집에 들어가면 그 적의가 누그러지듯, 밤은 낮의 칼집인지도 모릅니다. 밤이면 사람들은 그렇게 칼을 칼집에 넣고 서로의 본모습을 응시하며 더 너그러워지는 게 아닐까요.

바라볼 수 없는 태양과 달리 달은 바라볼 수 있습니다. 그 밝음을 별다른 고통 없이, 어려움 없이 응시합니다. 때에 따라 달이 변화하는 모습도, 달의 모양에 따라 변하는 감정의 선도 확인할 수 있습니다. 달을 보듯 내면을 응시하는 시간, 그 시간도 밤이 주는 선물입니다. 하루하루 벌어먹고 사는 팍팍하고 건조한 삶의 한가운데에서 이따금 달을 쳐다보며 탄성을 짓는 건, 아직 살아 있다는 걸, 아직 감정이 남아 있다는 걸 확인하는 밤이 주는 선물을 한껏 받아들이는 본능에 가까운 행위일지도 모릅니다. 밤의 여운이 아직 남아 있는 여명의 시간에, 밤이 가까워지는 '개와 늑대의 시간'에 벌건 태양을 바라보며 오늘을 기념하고 내일을 기약하는 것 또한 밤에게 받는 선물입니다.

사사로운 밤은, 존재만으로 고맙습니다.

밤마저 사사롭지 않았다면 지친 몸과 마음에 휴식을 더할 수 없었을 테니까요. 쳇바퀴 돌리듯 살아가는 삶을 조금이라도 돌아볼 수 없었을 테니까요. 닫힌 빗장을 연 상태로 누군가와 온전히 만날 수도, 긴장의 끈을 잠시 느슨하게 만들고 책 한 권과 영화 한 편을 보는 여유로움에 취할 수도, 내밀한 속내를 은근히 털어놓을 수도, 사사로이 누군가를 마음에 품을 수도, 마음속 심연을 응시할 기회도 없었을 겁니다. 사사로운 밤이기에 가능한 일입니다.

그리하여 밤은 설렘입니다.
반복되는 일상에서 뭔가 개인적인 시간을 보낼 수 있는 게 밤이기 때문입니다. 어둠에 나를 숨기고, 그 어둠 안에서 자유로울 수 있기 때문입니다. 비록 태양이 다시 떠오를 테지만, 밤이 계속되는 동안에는 자유를 느낍니다.

뭘 하든 자유로운, 그런 밤.
외로워서 아프지만, 때로는 외로워서 홀가분한 밤.
의미 없는 말을 주고받지 않고, 침묵 속으로 침잠할 수 있는 밤.
다른 이의 시선을 신경 쓰지 않아도 되는, 지극히 사사로운 밤.
온전히 나를 느낄 수 있는 밤.
함께 있는 이를 오롯이 바라볼 수 있는 밤.
그래서 더 은근하고 설레는 밤.
밤은 이 모든 걸 뜻대로 할 수 있게 해줍니다.
이 모든 것이 밤이 주는 가장 큰 선물일지도 모르겠습니다.

오늘도 밤을 기다립니다. 지극히 사사로운 마음으로 설렘과 함께 밤을 맞이하길 기대합니다.

이 밤, 모두가 사사롭길…….

> 물론가. 그렇다
> 그것이 그녀의
> 이름이었다

보후밀 흐라발
『너무 시끄러운 고독』

생의 마지막에 부를 '이름'

묻습니다.
말합니다.
처음 누군가를 만났을 때 우리는 이름을 묻습니다. 상대방은 별일이 없는 한 이름을 말합니다. 묻기 전에 먼저 얘기하기도 합니다. 살면서 이름 없는 이를 만난 적이 없습니다. 누구나 평범하든 특이하든 성과 이름을 가지고 있었습니다.

부릅니다.
답합니다.
누군가를 만났을 때 이름을 먼저 묻는 건 부르는 행위를 하기 위해서이고, 그 행위를 통해 우리는 서로의 존재를 확인합니다. 이름을 부르면 상대방은 답합니다. '응'이나 '예', '어'로, 또는 '왜'로 이름을 불린 상대방은 답합니다. 그렇게 대화는 시작됩니다.

이름 부르기는 관계의 시작이자 유지입니다.

누군가의 이름을 부르고, 이름을 불리는 건, 이름으로 확인한 서로의 존재를 자기 삶에 들이는 행위와 같습니다. 타인과의 관계 맺음은 보통 이름 부르기로 시작하고 유지됩니다. 더구나 너나들이 하는 사이나 사랑하는 사이에서의 이름 부르기는 상대방을 자기 삶에 더 많이 들이는 것과 같습니다. 사랑이나 우정을 확인하고 각인시키며 관계를 유지하는 일이 이름 부르기로부터 시작됩니다. 김춘수의 〈꽃〉이란 시처럼, 또 서로의 이름을 그토록 기억하려 했던 애니메이션 〈너의 이름은〉처럼 말이죠.

부르지 못합니다.
답하지 못합니다.
불러도 답이 없습니다. 관계를 맺었던 이의 이름을, 특히 사랑하는 이의 이름을, 아무 때나 마음 놓고 부르는 일이 얼마나 대단한 일인지를 이별 전까지는 모릅니다. 사랑하는 이를 부르고, 그가 내 부름에 대답하는 게 얼마나 소중한 순간인지를 헤아리기 전까지는 모릅니다. 관계의 끊김, 즉 이별은 그 부름과 화답이란 일상적인 행위조차 앗아갑니다. 사랑하는 이의 이름을 마음대로 부를 수 있는 권리(?) 조차 빼앗습니다. 부르지 못하고 답하지 못하고 불러도 답이 없는 이름은, 고통입니다. 김소월이 〈초혼〉에서 사랑하던 사람의 이름을 설움에 겹도록 불렀던 것은, 부르다가 내가 죽을 이름이라고까지 얘기했던 것은, 이별에 대한 고통의 단말마였을 겁니다.

부를 이름이 없습니다.

내 이름을 부를 이도 없습니다.

이 상황은 완전한 고독입니다. 『너무 시끄러운 고독』의 주인공 '한탸'가 그렇습니다. 그에게는 부를 이름이 없습니다. 그의 이름을 부르는 사람은 있지만, 한탸의 고독을 깨뜨릴 만한 사람은 아닙니다. 한탸는 스스로를 유폐시킨 자입니다. 30년 넘게 책이나 폐지를 압축하는 일을 하고 있는 그는, 폐지 더미 속에서 발견한 책을 소중히 모읍니다. 자기만의 컬렉션을 만드는 거죠. 그는 책과 그 안의 문장을 탐닉합니다. 책을 읽으며 자기도 모르게 교양을 쌓게 되었고, 어떤 사안에 대해 철학자들의 문장을 통해 사고하곤 합니다. 그가 얼마나 책에 탐닉했는지는 다음 문장에서 확인할 수 있습니다.

"한번 책에 빠지면 완전히 다른 세계에, 책 속에 있기 때문이다. 놀라운 일이지만 고백하지 않을 수 없는 것이, 그 순간 나는 내 꿈속의 더 아름다운 세계로 떠나 진실 한복판에 가닿게 된다. 날이면 날마다, 하루에도 열 번씩 나 자신으로부터 그렇게 멀리 떠날 수 있다는 사실이 신기할 따름이다. 그렇게 나는 스스로에게 소외된 이방인이 되어 묵묵히 집으로 돌아온다."*

---

* 보후밀 흐라발, 이창실 옮김, 『너무 시끄러운 고독』 (문학동네, 2016), 16쪽.

책 속 세계에 빠져들면서 그는 발 딛고 선 현실에서 자주 멀어집니다. 어쩌면 그는 책 속에 살다가 가끔 현실로 나오는 존재일지도 모릅니다. "스스로에게 소외된 이방인"이라는 표현처럼 말입니다. 이 소설에서 괴테나 헤겔, 쇼펜하우어 등 책의 저자 이름은 빈번하게 등장하지만, 한탸 주위 사람들의 이름이 몇 번 나오지 않는 이유도 이 때문일 것입니다. 그렇게 책에 탐닉했던 그는 스스로 삶을 마감합니다. 그때 그는 자기 곁에 잠시 머물다 떠난, 이름이 기억나지 않았던 한 여자의 이름을 기억해냅니다.

"일론카. 그렇다. 이젠 분명히 알 수 있다. 그것이 그녀의 이름이었다."

보후밀 흐라발, 『너무 시끄러운 고독』**

'일론카'란 이름의 주인은 한탸 곁에 머물다 아우슈비츠에 끌려가 학살당한 집시 여자입니다. 어쩌면 햔탸가 유일하게 사랑한 사람일지도 모릅니다. 생의 마지막에 그는 이렇게 한 여자의 이름을 떠올리고 생을 마감합니다. 스스로 선택한 고독 속으로 침잠해 들어갔고, 결국 완전한 고독 상태인 죽음으로 스스로 걸어 들어간 그는, 생전에 너무 시끄러운 고독을 가능케 했던 책과 저자 이름을 떠올리

** 보후밀 흐라발, 위의 책, 132쪽.

지 않았습니다.

오히려 그는 집시 여자와 함께 했던 순간을 떠올리고, 그 이름을 기억해냅니다. 생전에 단 한 번도 부르지 않았던 이름을, 그는 왜 죽기 전에 떠올렸을까요? 그 이름을 떠올렸을 때 그의 마음은 어땠을까요? 평생을 고독하게 살았던 그에게 '일론카'라는 이름은 어떤 의미였을까요?

이름을 부르는 '호명(呼名)'이란 행위는 때로 그 대상을 특별한 존재로 만들기도 합니다. 하나의 몸짓에 지나지 않았던 존재를 호명하는 순간 그 존재는 각별하게 와닿습니다. 누군가를 마음에 품게 되면 이름을 알고 싶어 하고, 아무도 듣지 않는 곳에서 혼잣말로 그 이름을 호명하는 이유도 이 때문일 것입니다.

한탸가 '일론카'란 이름을 기억해내고, 마음속으로 호명한 순간 '일론카'란 존재가 한탸 인생에 얼마나 큰 영향을 끼쳤는지를 깨닫습니다. 죽기 직전에야 비로소 알아챈 것이죠.

이름은 존재입니다. 존재의 확인입니다. 이름을 부를 때면 상대방의 존재와 함께 자신의 존재를 확인하기도 합니다. 이름 부르기는 그래서 때로 어마어마한 의미를 지니고 있는지도 모릅니다. 내게 각별한 존재의 이름을 부르는 것만으로도 행복감을 느낄 수도 있겠습니다. 불러도 대답 없는 이름을 갖고 있는 이들에게는 그 행복감이 더욱더 그리울 테지요. 시인 윤동주가 〈별 헤는 밤〉에서 소학교 때 책상을 같이 했던 아이들의 이름과 이국 소녀들의 이름과 가난한 이웃들의 이름을 불러본 것도, 부르고 싶어도 부를 수 없고 불러도 답할 수 없는 이들을 그리워했기 때문일지도 모르겠습니다.

가만히 이름을 불러봅니다.
이름을 부르는 것만으로도 벌써 그립습니다.
그 이름 중에, 생의 마지막에 부를 이름이 있다는걸 문득 느낍니다. 감사한 일입니다.

> 그들은
> 고르지 않는다
> 그들은
> 흘려보내친다

마루야마 겐지

『봐라 달이 뒤를 쫓는다』

흐르는가, 흘러가는가

가끔 돌아봅니다. 잘 온 건가. 잘 가고 있는가.

가끔 뒷걸음질 칩니다. 앞에 놓인 삶이 두려울 때 그렇습니다.

가끔 회한(悔恨)에 젖습니다. 추억으로 포장된 과거의 기억을 떠올릴 때 뉘우치고 한탄합니다. 그러지 말걸 하면서 말이죠.

가끔 앞날을 그려봅니다. 하고 싶은 일들을 그려보고, 꼭 해내야지 하는 결기를 내비치기도 합니다.

가끔 불안합니다. 잘 갈 수 있을까. 잘 헤쳐갈 수 있을까. 불안하면서도 별일 없을 거라고, 지금까지 그랬던 것처럼 잘 살 수 있을 거라고, 운이 좋을 거라고 스스로 다독입니다.

자주 나이에 대해 생각합니다. 살아온 날보다 살아갈 날이 적다는 생각이 머리에서 떠나지 않습니다. 지나온 생보다 여생(餘生)이 얼마 남지 않다는 생각에 조급해집니다.

흔히 시간은 과거와 현재, 미래로 이뤄져 있다고 합니다. 연속성을 가지고 있는 게 시간이고, 그 연속선상에 있는 시간을 삼등분해 구분합니다. 지금 글을 쓰고 있는 이 순간에도, 한 글자 한 글자를 입력하는 과정에서도, 글자 획수에 따라 시간은 과거와 현재, 미래로 나뉩니다. 글을 쓰는 순간에 과거의 기억을 떠올리고, 과거에 익혔던 단어를 생각해 조합합니다. 조합하면서 한 글자씩 입력하는 순간이 현재입니다. 이 글이 어떻게 완성될지는 아직 모릅니다. 그게 미래입니다. 다가오기 전까지는 모르는 시간, 그 순간이 미래입니다.

'미래'라는 말을 별로 좋아하지 않습니다. '현재'를 살아가기도 버거운데 미래까지 챙길 여력이 없어서입니다. 미래를 위해 현재를 희생해야 하는 것처럼 구는 세태도 마뜩지 않습니다. 오지도 않은 미래로 인해 걱정과 불안에 휩싸이는 일도 사양하고 싶습니다.

우리는 시간을 너무나 쉽게 삼등분하지만, 과거와 현재, 미래는 명확히 구분되지 않습니다. 과거에 사로잡혀 현재를 살아가는 이도 있고, 미래에 현재의 삶을 저당 잡힌 자도 있습니다. 추억에 젖어, 과거 잘 나갔던 시절에 파묻혀 현재를 살아가는 이도, 지금보다 더 나아질 것만 같은 장밋빛 미래를 상정하고 현재의 삶을 희생하고 자유를 유예하며 살아가는 이도, 보기에 딱합니다. 물론 모든 사람의 삶에는 그 정도 차이만 있을 뿐이지 현재의 삶 안에 과거와 현재, 미래가 교차하곤 합니다.

지나온 삶에 매이기도, 미래에 현재를 저당 잡히기도 싫습니다. 지금 현재의 감정에 충실하고, 현재 하고 싶은 일을 하면서 살아가길 원합니다. 현재의 삶을 유예하고 싶지 않습니다. 그래서 아래 문장에 동의했습니다. 아니 엄밀히 말하면 저 문장을 비롯한 일본의 소설가 마루야마 겐지 덕분에 평온과 고요, 정착과 평범이라는 미명 아래 감춰진 제 욕망을 들여다볼 수 있었습니다.

"지나간 인생을 되돌아보기 위한 여생이라면 필요 없다."*

일본의 소설가 마루야마 겐지의 소설 속 주인공은 모두 '흐르는 자'입니다. 그들은 과거를 돌아보며 회한에 젖어 현재의 삶을 망가뜨리지 않습니다. 또 미래 때문에 온갖 굴욕을 참아가며 자신이 진정으로 하고 싶은 일을 못하지 않습니다. 과거나 미래에 매여 현재의 삶에 섣불리 만족하는 사람을, 겐지는 싫어하는 수준에서 나아가 경멸하는 것처럼 느껴집니다.

그래서 그의 소설 속 주인공은 대부분 현재의 욕망에 충실한 삶을 살아가는 자, 어떤 규칙이나 규범에 얽매이지 않는 자, 세상이 정해놓은 도덕이나 윤리라는 이름으로 위장된 세상 이치에 장단 맞추

---

* 마루야마 겐지, 김춘미 옮김, 『와라 달이 뒤를 쫓는다』 (하늘연못, 1996), 119쪽.

지 않는 자, 즉 흐르는 자입니다. 자기 삶은 자기가 오롯이 책임지겠다, 하는 사람입니다.

> "그들은 흐르지 않는다. 그들은 흘려보내진다."
> 마루야마 겐지, 『봐라 달이 뒤를 쫓는다』[**]

지나치게 평범한 삶에 매여, 자기가 착취당하는지도 모른 채 현재의 삶에 만족하는 듯 위장하며 사는 이들을, 마루야마 겐지는 이렇게 표현합니다. 저는 이걸 '산다'와 '살아낸다'로 바꿔 표현하고 싶습니다. 삶을 사는 것과 삶을 살아내는 것은, 자기 삶의 주인이 누구인가에 따라 달라집니다. '산다'는 온전한 개인, 즉 내가 삶의 주인이 될 때 가능합니다. 모든 선택을 자기가 합니다. '살아낸다'는, 내가 아닌 다른 누군가나, 과거나 미래가, 권위나 권력이, 사회적 규범이나 도덕률이, 내 삶의 주인 자리를 꿰차고 있는 것과 다름없습니다. 자기 인생이지만 자신이 선택할 수 있는 여지는 별로 없습니다.

때 되면 학교 가고, 때 되면 대학 진학하고, 때 되면 취직해야 하고, 때 되면 결혼하고, 때 되면 집 장만해야 하고, 때 되면 아이를 낳아야 하고…. 이처럼 우리의 삶은 직선과 같습니다. 다른 선택지는 없

[**] 마루야마 겐지, 위의 책, 246쪽.

어 보입니다. 직선처럼 앞으로 내달려야만 합니다. '남들 하는 만큼은 하면서 살아야 한다', '평범하게 사는 게 제일 좋다', '섣불리 나서지 말고 튀지 말라' 등등의 말을 우리는 어릴 때부터 듣고 자랐습니다. 그게 세상 사는 이치인 것처럼 말이죠.

흐르지 않고, 흘려보내지는 겁니다. 내 의지로 흐르는 게 아니라 남들 하는 대로 휩쓸려 흘려보내지는 겁니다. 겐지는 이걸 못마땅해 합니다. 겐지가 소설과 산문으로 끊임없이 말하는 것은 '흐르는 자'입니다. "우리는 달에게 뒤를 쫓기는 해도, 달의 뒤를 쫓는 자는 아니다."[***] 란 문장에서도, "일단 달리기 시작하고, 흐르기 시작하거든 결코 멈춰 서지 말라. …정말로 움직이는 자의 진수를 맛보고 싶거든, 다음 커브에만 정신을 집중해야 한다."[****] 란 문장에서도 이를 확인할 수 있습니다.

언젠가부터 그동안 흘려보내지는 삶을 살아온 것 같아 흐르는 삶을 살고 싶어졌습니다. 하지만 어렵습니다. 그래도 해보렵니다. 조금씩 저만의 삶의 흐름을 찾으려 합니다. 휩쓸리지 않고, 흘려보내지지 않고, 흐르고 싶습니다.

[***] 마루야마 겐지, 위의 책, 238쪽.

[****] 마루야마 겐지, 위의 책, 175쪽.

저 젊은 눈동자는
그때 무엇을
바라보며
미소 지었을까―

정유정

『7년의 밤』

낡은 사진 속 낯선 나

　사는 건, 참 마음대로 되지 않습니다. 평탄 대로에 올라선 것 같아 두 팔을 휘저으며 여유롭게 걷고 있는데 어느새 오르막이 나오고 급하게 휘돌아 치는 커브길이 나옵니다. 내리막길인 듯해 반가운 마음에 뛰기 시작하지만 그 걸음을 멈출 수 없어 넘어질 지경에 빠지기도 합니다. 그럴 때 여유 같은 건 이내 사라집니다. 어떻게든 가야만 할 길이기에 멈출 수는 없습니다. 멈추고 잠시 쉬고 싶지만, 그조차 쉽지 않을 때가 있습니다. 그 길을 마저 가야 합니다. 무섭고 두렵고 떨리지만 어쩔 수 없이 가야하는 길. 어쩌면 그게 인생인지도 모릅니다.

　정유정의 『7년의 밤』(은행나무, 2011) 속 이야기는 그 길, 인생과 닮아 있었습니다. 멈추고 싶지만 멈출 수 없는 삶처럼, 깊이를 알 수 없는 우물 속 무언가가 끌어들이듯 『7년의 밤』은 외면하고픈 이야기 한가운데에 저를 던져놓았습니다. 제가 할 수 있는 일은, 그 이야기를 마저 읽는 것밖에 없었고 결국 몸에 탈이 났습니다. 뼈 마디마디마다 안개가 스며든 것처럼 몸이 스산하고 서늘했습니다. 스멀

스멀하게 올라오는 습기, 아무리 옷을 두껍게 입어도 기어이 파고들고야 마는 한기에 몸이 떨리고 마음이 서늘했습니다. 그렇게 내처 이틀을 앓았습니다.

    책을 펴들 때만 해도 가벼운 마음이었습니다. 아무런 정보가 없는 상태였고, 대체 어떤 재미있는 이야기가 숨어 있을까 궁금할 뿐이었습니다. 첫 장부터 몰입했습니다. 설레기도 했습니다. '재미있는 책과 내공 깊은 작가를 발견했구나' 하고 쾌재를 부르며 책을 보기 시작했습니다. 하지만 웬걸, 책은 제가 생각하던 재미와는 거리가 멀었습니다. 이야기에 빠져드는 내내 '제발 그러지 마', '안 돼', '하지 마'를 마음속에서 주문처럼 되뇌었습니다. 하지만 이야기는 제 바람과는 정반대로 치닫기 시작했습니다. 책장을 덮을 수도, 다시 열 수도 없는 상황에 빠지기도 했습니다. '그만 읽을까' 하는, 생전 처음으로 궁금한 이야기를 스스로 접고 싶은 마음도 생겼습니다. 그러다 결국 읽고야 말았습니다. 그래야 그 스산한 이야기에서 해방될 것 같았습니다.

    『7년의 밤』을 다 읽고 난 뒤 이 책을 인생에 대한 은유로 받아들였습니다. 이야기 내용뿐만이 아니라 책을 읽는 행위 자체에서 인생이란 때로는 자기 뜻대로 할 수 없는 거라는 사실을 깨닫고 말았습니다. 한번 빠진 이야기에 벗어날 수 없어 덮지 못하는 책처럼, 하고 싶지 않을 일은 책임을 다해 해내야 하는 게 인생이란 생각이 들었습니다. 누군가의 의지와는 무관하게 벼랑 끝으로 내몰려 마치 거미줄에 걸린 나방처럼 허우적대야만 하는 인생도 있다는 걸 눈치채고 말았습니다.

행복한 삶을 꿈꾸지만 인생의 항로는 제 의지와는 무관한 방향으로 키를 돌리곤 합니다. 비행기나 배의 항로처럼 정해진 길이 있고, 목적지가 있으면 얼마나 좋겠습니까마는, 인생은 그 길을 먼저 보여주지도 않을뿐더러 때로는 미궁 속으로 빠져들게 만듭니다. 그 끝에 벼랑이, 시커먼 구렁텅이가 기다리고 있는 줄도 모르고 말이죠.

미궁 속에서 헤매던 시간이 어떻게든 끝나고 나면 생각합니다. 왜 그랬을까? 왜 그런 선택을 했을까? 답은 없습니다. 복기해보면 나쁜 일은, 언제나 아귀가 딱딱 들어맞을 정도로 무엇을 하든 어떻게든 벌어질 수밖에 없는 상태였습니다. 그 안에서 인간이 할 일이라곤, 닥쳐올 운명을 숨죽이며 기다려야 하는 것밖에 없는 듯 보였습니다. 신일숙의 『아르미안의 네 딸들』에 나오는 "운명이란 언제나 예측불허, 그리하여 생은 그 의미를 갖는다"란 말처럼, 예측불허인 운명에 인생을 저당 잡히기도 한다는 걸 뒤늦게야 깨달았습니다. 정해진 운명이란 없지만, 그래서 인생이 의미를 가질 수도 있지만, 예측불허인 운명에 휘둘리는 것 또한 인생이기 때문입니다.

내 의지대로 사는 것 같지만 인생은 내 의지와는 전혀 상관없이 스스로 이야기를 써나가기도 합니다. 제가 사는 인생에서 제가 싹 사라졌으면 하는 생각이 들 때도 있습니다. 더 이상 이런 인생 따위는 싫다며 도망치고 싶기도 합니다. 나와 내 인생은 일치하는 듯하지만, 따지고 보면 내 인생을 살고 있는데도 인생은 나와 일치하지 않습니다. 내 의지가 제대로 반영되지도 않을 뿐만 아니라 의도와는 상관없이 갈지자로 종횡무진하며 내달리기도 하는 게 인생입니다. "삶 따로, 사람 따로, 운명 따로"*인 체 사람들은 살아가고 있는 겁니다.

　우리는 한 치 앞도 모른 채 삶을 삽니다. 그러면서도 지금처럼, 지금보다 더 나은 미래가 기다리고 있는 것처럼, 오늘과 같은 내일이 반복된다고 투덜거리며, 반드시 더 나은 내일이 올 거라는 소망 섞인 믿음에 기대면서 삽니다. 허나 그 앞에 무엇이 기다리고 있을지는 아무도 모릅니다. 나의 소망, 나의 바람, 나의 기대는 내처 내달리고야 마는 '운명'이란 이름의 수레바퀴 밑으로 깔려 들어갑니다. 그렇게 인생은, 그 나름대로의 작동 법칙이 있는 것 마냥 스스로 갈 길을 가 버립니다.

---

*　　정유정, 『7년의 밤』(은행나무, 2011), 323쪽.

저 젊은 눈동자는 그때 무엇을 바라보며 미소 지었을까.

정유정, 『7년의 밤』

삶이 밝게만 보이는 시절. 아무런 어려움도 없고, 오늘처럼만 열심히 최선을 다해 살면 밝은 미래가 올 것처럼 느껴지던 시절. 어려움이 닥쳐와도 그까짓 것 이겨내면 모든 게 해결될 것 같은 시절. 그런 시절이 있었습니다. 낡은 사진 속에 찍힌 그 시절의 저는 지금과는 사뭇 다른 얼굴과 표정을 가지고 있습니다. 그늘이라고는 전혀 없는, 그런 표정을 제가 짓고 있었습니다. 오래된 사진 속 인물이 제 자신인데도 낯설기만 합니다. 이게 내가 맞나 싶습니다. 특히나 사진 속 웃는 모습은 낯설다 못해 이질감마저 느껴집니다.

그때의 나와 지금의 나, 인생을 바라보는 그때의 시선과 지금의 시선, 그때의 현실과 지금의 현실이 다르기 때문입니다. 삶의 변곡점을 여럿 지나쳐오면서 우리의 얼굴에는 그늘이 드리워집니다. 더 이상 과거처럼 웃지 못하게 됩니다. 발버둥 쳐도 헤어 나올 수 없는 그물 같은 운명이 우리 삶을 붙잡고 있는 걸 알기 때문입니다.

어딘가를 바라보며 미소 짓는 젊은 눈동자는, 이제 더 이상 오지 않는 과거입니다. 다시 그 웃음을 지을 수 없을 것만 같습니다. 하루

하루 포기하고 하루하루 체념하면서 젊은 날의 꿈과는 멀어지는 삶, 어쩌면 그게 우리에게 남겨진 생인지도 모르겠습니다. 허나 그리 살고 싶지 않다는 미약한 반발심이 마음속에서 터져 나옵니다. 더 이상 심연 속으로 가라앉고 싶지 않다는, 다시 웃고 싶다는 그 일말의 희망까지는 포기하고 싶지 않습니다. 그럴 때 바닷속에서 위기에 닥쳤을 때 잠수부가 행동하는 원칙인 "멈추고, 생각하고, 행동하고"**가 필요할지도 모릅니다. 어쩌면 그게 인생의 위기에서 우리를 끌어내는 동아줄이 될 수도 있습니다.

무언가를 바라보며 미소 짓는 젊은 눈동자까지는 바라지도 않습니다. 다만, 제 삶의 나머지를 '운명'에 가두고 싶지 않습니다. '운명'이란 명찰을 가슴에 단 수인(囚人)으로 살고 싶지는 않습니다.

멈추고, 생각하고, 행동하며 살아야겠습니다.

** 　　정유정, 위의 책, 298쪽.

> 아무도
> 오지 않았다
> 밤이 왔을
> 뿐이었다

김성동

『만다라』

아무도 오지 않는 밤

　하루의 흐름을 온전히 느낀 적이 있습니다. 해가 떠오르는 걸 지켜보고, 해가 하늘 높이 올라가면서 기온 또한 올라가는 걸 느꼈습니다. 길고 옅었던 그림자가 짧아지면서 짙어진 뒤에 다시 옅어지고 길어졌습니다. 중천에 떠올랐던 해가 차차 가라앉을 무렵, 사위가 고요해지고 공기가 가라앉습니다. 시야가 흐려집니다. 개와 늑대의 시간입니다. 이 시간이면 명료했던 감정 또한 흐릿해집니다. 곧이어 해가 지고 밤이 찾아옵니다. 문득 쓸쓸해집니다.

　밤에게 속살이 있다면 그건 외로움이라고 생각해왔습니다. 인공조명으로 불야성을 이루는 도시 한가운데에 살면서도 외로움은 밤과 함께 불시에 찾아오곤 했습니다. 안온하고 평온한 밤도 있는 반면에 어쩔 줄 모르는 쓸쓸함과 외로움, 외로움의 짝꿍인 그리움과 함께 밤이 찾아오기도 합니다. 낮 동안 눈부신 햇살에 가려졌던 외로움과 그리움은, 밤의 어둠에서, 밤공기 안에서 선명히 자신의 모습을 드러내곤 했습니다.

주위에 사람이 있건 없건 간에 외롭다는 느낌은 밤이 되면 심해지곤 합니다. 전혀 외롭지 않은 상황인데도 밤이면 뭔가 허전합니다. 그 허전함의 실체가 외로움이란 걸 뒤늦게 깨닫지만 어찌할 수 없습니다. 대체 왜 그런지 모르겠습니다만 낮에는 존재하는지조차 몰랐던 외로움이 밤만 되면 자신의 존재를 여실히 드러내곤 합니다. 어쩔 줄 모르는 황망함은 덤입니다.

외로움과 그리움. 낮에는 결코 드러나지 않는, 빛에 가려졌던, 밤이면 어둑해진 곳에서 자기 모습을 내보이곤 하는, 인간의 가장 은밀하고 내밀한 속살…. 누구에게도 보여주고 싶지 않은, 한편으로는 누구에게라도 보여주고 싶은 속살입니다. 그 속살은 들키고 싶지 않은 약함을 상징하기에 누구에게도 보여주고 싶지 않지만, 누구에게라도 위로받고 싶어 내비치고 싶기도 합니다.

사람으로 태어난 이상 사람을 그리워하는 건 숙명일지도 모릅니다. 사람은 어쩌면 평생을 외로움과 그리움에 허덕여야 하는 존재인지도요. 곁에 사람이 있어도 또 없어도 허기에 시달립니다. 그걸 온전히 느끼는 게 밤입니다. 외로움과 그리움이란 감정이 너울이 되어 온 마음을 휘젓고 다닙니다. 밤을 지새우고 낮이 되면 언제 그랬냐 싶게 일상으로 돌아갑니다.

하지만, 압니다. 밤이 오면 또다시 외로움의 너울에 휩싸일 거라는걸. 그러다 휩쓸려 난파당할 수도 있다는 사실을. 누군가에게 흰소리를 지껄이고, 감정을 질질 흘리기도 합니다. 밤은 긴장을 푸는 이완의 시간이기도 하지만 경계의 시간이기도 합니다. 널뛰듯 기복이 생겨난 감정의 파도에 쓸려가지 않도록 때로는 닻을 단단히 내려야만 합니다.

이럴 때면 한없이 약한 인간임을 절실히 깨닫습니다. 누군가의 품으로 파고들고 싶어집니다. 떠내려가지 않게 누군가를 붙잡고 싶어집니다. 누군가의 연락을 기다립니다. 괜히 울리지 않는 휴대폰을 살피고, SNS에서 오가는 메시지를 들여다봅니다. 누구하고든 대화할 빌미를 찾아내려 합니다. 그러나 아무도 오지 않고, 아무 일도 일어나지 않습니다. 감정만 요동칩니다.

"그러나 아무도 오지 않았다. 밤이 왔을 뿐이었다."

김성동, 『만다라』

그런 날이 있기 마련입니다. 세상에 홀로 버려진 듯한 그런 날이⋯. 아무리 기다려도 외로움을 나눠 가질 누군가가 없다는 걸 알고 있습니다. 누군가 있더라도 외로움을 달랠 수 있을지 미지수입니다.

기다려 봐도 아무도 오지 않습니다. 오로지 밤이 올 뿐입니다. 외로움이 사무치는 밤이 어김없이 찾아옵니다.

기약 없는 기다림은 사람을 지치게 만듭니다. 누가 오는 지도, 오긴 오는 건지도 모른 체 마음속 허전함을 달래줄 누군가를 하염없이 기다립니다. 옆에 있는 것만으로도 허전함을 가시게 하는, 내 말에 귀 기울이고, 내 외로움을 덜어줄 누군가를 말이죠. 과연 그런 사람이 있을지 의문입니다. 의문을 품고 있으면서도, 홀로 이 신산한 삶을 견디기 힘들어 어깨를 살포시 기댈 누군가를 기다립니다.

채워지지 않는 이 외로움을 어찌해야 할까요? 채워졌다가 사라지곤 하는 그리움은 또 어찌해야 하나요? 부지불식간에 찾아오는 쓸쓸함과 허전함은 어찌 다스려야 하나요? 답은 없습니다. 기다리기 지쳤다면 찾아 나설 수밖에요. 허나 그 또한 쉽지 않습니다.

오늘도 밤은 찾아옵니다. 자주는 아니지만 밤은 잔인한 속살도 내비칠 겁니다. 그 속살을 엿봅니다. 외롭다는 말조차 하지 못하고 아무도 오지 않은 밤은 처연합니다. 아무도 오지 않는 밤이지만 누군가를 하염없이 기다립니다.

부디 그들의 기다림에 누군가 응답하기를….

> 난 커서
> 해적이 될 거야
> 너희들은?

아스트리드 린드그렌

『삐삐롱스타킹』

다른 길, 다른 삶의 꿈

"꿈이 뭐니?"

어른들은 어린아이에게 꿈을 묻습니다. 때로는 "커서 뭐가 되고 싶니?"라고도 물어봅니다. 아이들은 대답합니다. "대통령이 되고 싶어요. 아이돌이 되고 싶어요. 과학자가 되고 싶어요." 등등으로 말이죠. 시대에 따라 아이들이 이루고 싶은 꿈은 달라지지만, 달라지지 않는 게 있습니다. 대부분의 어른과 아이들이 '꿈'을 '직업'과 동일시한다는 겁니다. 또 어떤 꿈을 얘기하든 아이들은 어른들에게 '어른 말 잘 듣고 공부 열심히 해야 한다'는 말을 듣습니다. 그게 꿈을 이루기 위한, 아니 엄밀히 말하면 아이들이 말한 직업을 가지기 위한 필요충분조건인 것처럼 말입니다.

꿈의 사전적 의미는 "실현하고 싶은 희망이나 이상"입니다. 사전적 의미로만 따지만 꿈을 직업에 한정할 수는 없습니다. '세계 평화에 공헌하는 사람'이나 '언제나 유쾌하고 행복하게 사는 사람', '책만 보며 사는 사람' 등 각 개인마다 이루고 싶은 희망이나 이상은 다양

할 겁니다. 하지만 만약 저런 대답을 하면 어른들은 그 아이를 엉뚱하게 여길 겁니다. 틀에 박힌 대답이 아니면 늘 그랬듯이 백안시할지도 모릅니다.

어린 시절 TV 외화 시리즈로 봤던 삐삐를 기억합니다. 주근깨에 양 갈래로 머리를 땋아 바짝 세운, 큰 장화와 알록달록한 스타킹을 신고 말, 앵무새 등을 데리고 다니며 엉뚱한 일을 하던, 삐삐를 기억합니다. 지금도 선명하게 떠오릅니다. 그 이상한 행색과 더빙한 성우의 카랑카랑한 목소리, 규율과 규범을 전혀 따르지 않는 자유분방함, 그리고 "삐삐가 부르는 산울림 소리"로 시작되는 주제가 중 일부가 제 기억에 남아 있습니다.

"난 커서 해적이 될 거야. 너희들은?"

아스트리드 린드그렌, 『삐삐롱스타킹』*

아스트리드 린드그렌의 『삐삐롱스타킹』의 문장입니다. 삐삐가 벌이는 여러 에피소드를 엮어놓은 이 책에서 가장 인상 깊었던 문장입니다. 왜 그랬을까요? 삐삐스러운 엉뚱한 꿈이 부러웠습니다. 천

---

* 아스트리드 린드그렌 글. 롤프 레티시 그림. 햇살과 나무꾼 옮김, 『삐삐롱스타킹』(시공사, 2006), 222쪽.

편일률적으로 꿈을 직업과 연결시키는 세태와는 다른 특이함이 좋았습니다.

해적이 되고 싶은 삐삐는 묻습니다.
"너희들은?"
이 질문을 꼭 저에게 하는 듯했습니다.

어렸을 때 꿈이 뭐였는지, 생각이 잘 나지 않습니다. 기억을 더듬어 보면 고등학교 1학년 때는 '외교관'이었습니다. 무슨 일을 하는 사람인지도 몰랐는데 말이죠. 그리고 마치 선언처럼 죽기 전에 책을 한 권 내겠다고 말했던 기억이 납니다. 허세가 섞인 지나가는 말처럼 내뱉은 말이었는데 그 꿈은 이뤘습니다.

그 두 가지를 제외하고는 통상적으로 말하는 꿈이 제게는 없었습니다. 뭔가가 되고 싶고 뭔가를 이루겠다는 꿈이 저에게는 없었습니다. 그러다 보니 삶에 목표도 없었습니다. 그래도 큰 문제는 없었습니다. 남들 하는 대로, 남들 하는 만큼 살아가면 됐으니까요. 길은 정해져 있는 듯 보였고, 저는 그 길을 충실히 따랐습니다. 그동안 살아오면서 제 스스로 뭔가를 결정지은 게 별로 없었습니다. 돌이켜보면 매번 뭔가를 선택해왔지만, 그 선택은 객관식 시험과 같았습니다. 길을 따로 내려고 들지 않았고, 다른 길이 있는지조차 몰랐습니다.

그래서인지 지금, 저는 다른 길을 가려 합니다. 조금씩 삶의 방향을 틀고 싶습니다. 이대로 살다가는, 진정으로 제가 원하는 게 뭔지조차 모른 채 살아갈 것만 같기 때문입니다. 그 생각을 마흔 넘어 하기 시작했고, 그때부터 조금씩 하고 싶은 일들을 하기 시작했습니다. 저만의 글을 쓰기 시작했고, 운 좋게도 몇 권의 책을 냈습니다. 다시 젊었을 때로 돌아가면 아예 그 길로 가고 싶은 목공을 배웠고 틈틈이 뭔가를 만들고 있습니다. 더 좋은 남편, 더 좋은 아빠가 되는 것, 멋있게 나이 드는 것도 꿈이 되었습니다.

버킷리스트를 따로 만들지는 않았지만, 꿈은 다양했습니다. 하나의 목표만 존재하는 것이 아닌 삶의 다양한 측면에서 이루고 싶은 희망과 이상이 정말 많았습니다. 틀을 벗어나고자 하니 길이 보이기 시작했습니다.

저에게는 아직 꿈이 남아 있습니다. 최근 제가 이루고 싶은 꿈은, 저만의 아지트입니다. 가족과 함께 개인적인 생활을 하는 집, 일을 하고 돈을 버는 직장과는 별개로 제3의 공간을 갖는 게 소소한 꿈입니다. 목공 작업을 하고, 책을 보고, 글을 쓰는, 그런 공간을 저는 갖고 싶습니다. 이름도 벌써 지어놨습니다. ageragit 또는 agerden이라고 말이죠. 언제가 될지는 모르지만 그 공간을 꼭 마련했으면 합니다.

'어떻게 살 것인가'를 고민하며 사는 것 또한 꿈이 되었습니다. 살면 살수록 무엇을 이루기보다는 어떻게 살아야 하는가가 더 중요하다는 걸 느낍니다. 저는 여생을 '무엇을'보다는 '어떻게'에 방점을 찍으며 살고 싶습니다. 좌우를 살피지 않고 경주마처럼 결승점을 향해 달려가는 삶보다 주위에 무엇이 있는지 해찰하며 천천히 거니는, 그런 삶을 살고 싶습니다. 성공을 향해 달려가는 것이 아닌 삶의 다양한 측면을 경험하면서 스스로를 성장시키는 삶을 살고 싶습니다. 그렇게 마음을 정하고 나니 하고 싶은 일도, 해야 할 일도 더 많아집니다. 없던 기운도 솟아나는 걸 느낍니다.

마흔이 되기 전까지 저에게는 꿈이랄 게 없었습니다. 하지만 이제는 다른 길이 보입니다. 다른 삶이 보입니다. 아직 많이 변하지는 않았지만 저는 서서히 변하고 있습니다. '언젠가는 꼭 이루고 말리라'란, 한 번도 경험해보지 못했던 결기 어린 다짐도 하게 됩니다.

조금 아쉽습니다. 좀 더 나이 들기 전에 다른 길과 다른 삶이 있다는 걸 깨쳤다면 얼마나 좋았을까요? 하지만 늦지 않았음을 느낍니다. 이제야 진정한 꿈이 생긴 것 같기 때문입니다. 그 덕분인지 이제는 삐삐의 저 물음에 답을 할 수 있을 듯합니다.

"난 말이야~"하면서 말이죠.

나는 길을
마꺼기시며
걸었다

곽재구

『곽재구의 포구기행』

삶을 아껴가며 살고 싶을 뿐, 그뿐

20대 때 홀로 떠나는 여행을 한두 번 경험한 이후로, 다시 시도하지 않았습니다. 혼자 떠나는 여행은 외로움이란 감정을 절실히 느끼게 해줄 뿐이었습니다. 말을 아낄 필요도 없이, 굳이 침묵할 이유도 없이, 그냥 침묵해야 했습니다. 시끌벅적하고 왁자한 곳에 가도 혼자인 건 변함없었습니다. 길동무라도 생기면 얼마나 좋았을까 싶지만, 낯선 이에게 쉽게 말 걸지 못하는 성격 탓인지, 아니면 그럴 기회가 생기지 않을 만큼 바삐 스쳐 지나가서인지, 길동무는 생기지 않았습니다. 주위 풍경을 묵묵히 눈으로만 주워 담으며, 외로움만을 절실히 깨닫는 여행. 홀로 떠나는 여행은 제게 그 이상도, 그 이하도 아니었습니다.

그런데 요즘 홀로 떠나는 여행을 꿈꿉니다. 막연한 느낌이긴 하지만 홀로 떠나도 외로울 것 같지 않습니다. 낯선 곳을 홀로 다니면 왠지 길동무도 생길 듯합니다. 그러다 외로우면 먼저 누구에게나 말을 걸고, 누군가 말을 걸어오면 반갑게 화답할 듯합니다. 전과 달리 넉살도 좀 늘었고, 늘어난 넉살만큼 외로움에 대한 내성도 조금은 생긴 덕분입니다. 아니면 "조금 외로운 것은 충분히 자유롭기 때문"*이라는 곽재구 시인의 말이 조금 이해되기 시작해서 그런지도 모르겠습니다.

그렇게 홀로 여행을 떠날 때는 목적지에 대한 강박을 버리려 합니다. '어디를 반드시 가야지' 하는 목적지만을 떠올리며 하는 여행은 홀로 떠나는 여행과 어울리지 않습니다. 목적지에 당도했을 때의 그 허탈함을 알기에 그렇습니다. 목적지에 도착하면, 이제는 집으로, 일상으로 다시 돌아가야 하는 일만 남습니다.

산에 오를 때의 심경도 비슷합니다. 산에 가면 정상에 오르기 위해 이름 모를 풀도, 꽃도, 나무도, 새도, 들짐승도 무시하면서 나아갔습니다. 의도적으로 그런 건 아니었습니다. 정상에 너무 목매단 탓입니다. 그러다 정상에 오르면 성취감을 느낍니다. '드디어 올랐다'면서 말이죠. 산 아래를 둘러보고 얼마나 높이 올라왔는지를 살핍니다. 먼 하늘도 보고, 때에 따라서는 일출을 보는 감격을 누리기도 합니다. 하지만 정상에 계속 머무를 수는 없습니다. 이제 내려가야 할 일만 남았습니다. 내려가는 것도 여유를 부리면 좋으련만 대부분은 어서 집으로, 일상으로 돌아가야지 하는 마음에 발걸음을 늦추지 못합니다.

---

* 곽재구, 『곽재구의 포구기행』(열림원, 2003), 38쪽.

제가 그동안 해온 여행은 목적지가 반드시 있었습니다. 목적지에 당도하기까지 느긋한 마음으로 향하기도 했지만, 그 여정을 온전히 즐기지는 못했습니다. 스스로 정해놓은 시간에 목적지에 도달하지 못하면 쉬기 위해 떠난 여행임에도 마음이 사나워지곤 했습니다. 목적지가 제가 오기만을 목 빠지게 기다리고 있는 것도 아닌데, 저는 그렇게 여행을 해왔습니다. 함께 여행을 떠난 이를 살피지 못했고, 목적지까지 가는 여정을 '지나침'만으로만 여겼습니다. 과정보다 결과에 중시하는 일상의 경험을 여행에서도 되풀이하고 있었던 셈입니다.

여행은 인생을 닮아 있습니다. 신영복 선생이 말한 것처럼 여행과 인생은 "떠남과 만남"이란 측면에서 결이 비슷합니다.

"여행은 두 가지의 의미를 갖습니다. 떠남과 만남입니다. 떠난다는 것은 자기의 성(城) 밖으로 걸어 나오는 것이며 만난다는 것은 물론 새로운 대상을 대면하는 것이라 할 수 있습니다. 그러나 생각해 보면 여행뿐만 아니라 우리의 삶 자체가 떠남과 만남으로 이루어져 있다고 할 수 있습니다. 우리는 매일 아침 자기의 집을 나와 새로운 곳, 새로운 대상을 만나고 있습니다. 우리의 삶도 그 속을 들여다보면 여행과 똑같은 내용을 갖고 있음에 틀림없습니다."**

**   신영복, 『더불어숲2』 (중앙M&B, 1998), 5쪽.

저 글에 공감합니다. 태어나는 순간부터 낯선 곳에 떨어진 인간은, 여러 사람을 만나고, 그들과 교류하다 떠납니다. 스스로 떠나기도 하고, 누군가가 곁에서 떠나기도 합니다. 난관과 장애물도 만나고, 그 안에서 기쁨과 슬픔 등 여러 감정을 느끼며 살아가다 결국 최종 목적지인 죽음으로 끝나는 게 인생입니다.

여행이 길을 품고 있듯, 인생도 길을 품고 있습니다. 여행과 인생은 떠남에서 시작해 만남을 되풀이합니다. 어쩌면 여행도, 인생도, 바로 길 위에서의 과정에 진정한 의미가 있는지도 모릅니다. 어떤 목표나 목적을 가지고 그것만을 향해 가는 것보다, 주위를 둘러보고 길 위에서의 떠남과 만남을 통해 성찰하고, 귀한 인연을 맺고, 그 인연과 헤어지며 가는 것이 여행과 인생의 진정한 묘미일 거라는 생각입니다. 요즘 들어 부쩍 홀로 떠나는 여행을 꿈꾸는 것도 이 때문입니다. 어디를 가든 무얼 하든 단 하나의 목표만을 상정하고 똑바로 걸어가기 위해 애쓰는 삶에 지친 탓인지도 모릅니다.

나는 길을 아껴가며 걸었다. 여행자가 길 위에서 길을 아낄 때 그 여행은 행복하다.

곽재구, 『곽재구의 포구기행』[***]

[***] 곽재구, 『곽재구의 포구기행』(열림원, 2003), 254쪽.

길 위에서의 과정을 중시하는 이들은 길을 아껴가며 걷습니다. 서둘러 목적지에 도달할 필요가 없기 때문입니다. 길 위에서 마음껏 해찰을 합니다. 여기도 들여다보고, 저기도 훑어봅니다. 때로는 누군가를 만나 목적지와는 전혀 다른 곳으로 가기도 하고, 길을 가다 잠시 누워 하늘을 바라보기도 합니다. 이름 모를 풀벌레에 눈길을 주고, 느닷없이 들려오는 새 울음소리에 귀를 기울입니다. 그 와중에 떠오르는 상념도 살펴보고, 내면에서 갑작스레 울리는 소리도 듣습니다. 그렇게 길을 아껴 걸을 때 여행은 행복해질 겁니다. 좀 더 자유로워질 겁니다.

삶에 목표가 있는 게 좋은지, 없는 게 좋은지 저는 판단하지 못합니다. 다만 목표만을 향해 치닫는 삶은 여유와 자유와는 거리가 멀다는 것 정도는 압니다. 마찬가지로 목표가 없는 삶은, 닻 잃은 배처럼 온 바다를 부유(浮游) 하다 끝내 침몰하리라는 것도 압니다. 사실 이는 삶을 대하는 태도가 다르고, 각자가 처한 상황이 다르기 때문에, 옳고 그름을 논할 수 없습니다. 인생에 정답이란 없으니까요.

돌이켜보면 그동안 저는 삶이 무엇인지도 모른 채, 삶에 진정한 목표를 세우지도 않은 채, 남들 하는 만큼 하면서 살기 위해 발버둥 쳐왔습니다. 어릴 때는 '어떤 직업을 가져야겠다'를 '무엇이 되어야겠다'로 포장하며 살아왔고, 조금 나이가 든 후에는 남들만큼 살기 위해 '정상적인 삶'에 필요한 경제적 풍요와 번듯한 직업에 집중했습니다. 그게 행복이라 여겼습니다. 그 목표만 이루면 행복할 거라고 생각했습니다. 지금의 삶에 만족하지 못하는 건 아닙니다. 충분히 만족하고 있습니다. 그러나 이것만으로는 뭔가 부족하다는 것 또한 느낍니다.

그러다 깨달았습니다. 여전히 뭔가 이루려고 발버둥 치고 있다는 것을요. 부족함을 채우려고만 한다는 것을요. 부족함을 채우려고 할 게 아니라 부족하면 부족한 대로, 인생이란 길을 아껴 걷는 게 더 낫다는 결론을 내렸습니다. 목표를 정해놓고 좌우도 살피지 않고, 뒤도 돌아보지 않고 무작정 달릴 게 아니라 마음껏 해찰하며 이 길을 아껴가며 걷는 게 저한테는 필요합니다. 그럴 때 자유와 행복이 찾아올지는 장담할 수 없습니다. 그래도 아껴가며 걷고 싶습니다. 어차피 죽음이라는 최종 목적지를 향해 가는 게 인생이라면, 어지간히 발버둥 치고 싶습니다.

홀로 자유롭게 떠나는 여행을 꿈꾸듯, 삶을 아껴가며 살아가고 싶습니다.

에필로그

이제 되었다!

"마침내 시시해지는 내 마음이 참 좋다."

김애란, 『침이 고인다』

소설집 『침이 고인다』(문학과지성사, 2013) 작가의 말 말미에 김애란은 이렇게 적었습니다. 다시 작가의 말을 쓴다면 시시하고 빤한 것이 되더라도 감사의 말을 쓰고 싶었다면서요. 자신의 글을 통해 위안 받았다는 이름 모를 독자들에게, 자신도 역시 그들에게 위안 받았다며 감사의 말을 전했습니다. 그래서 저 문장은 맥락상 다른 작가들의 말처럼 시시하고 빤한 감사의 말을 전해 좋다는 뜻으로 읽힙니다.

하지만 저는 저만의 오독(誤讀)을 해봅니다.

무언가에 몰두하고 난 뒤 그걸 성취했든 이루지 못했든 불현듯 한동안 몰두했던 일이 시시해질 때가 있습니다. 밤잠 못 자고 글을 쓰고 난 다음날 그 글을 읽어보면 밤새 고민해 썼던 글이 시시함으로 다가올 때가 있고, 글 한 편을 완성하고 만족감이 느껴지는 가운데 별안간 '다 됐다' 싶은 순간, 시시해집니다.

 이 사람, 저 사람에게 시달리며 어떻게든 제게 주어진 일을 해냈을 때 성취감도 느껴지지만 한편으로는 고작 이런 일에 그토록 시간과 노동력을 쏟았나 하는 생각도 듭니다. 고민에 고민을 거듭하며 누군가와의 관계를 어떻게든 이어나가려 애를 썼던 일도, 평생 안고 가야 할 숙제처럼 밀려오는 외로움에 허덕이고 난 뒤에도, 너무나 쓸쓸한데도 쓸쓸하다고 입으로 내뱉으면 더 쓸쓸해 질까 봐 입 꽉 다물고 애써 웃음 짓고 난 뒤에도, 시시한 감정은 물밀듯 밀려오곤 했습니다.

 영원할 것만 같던, 아니 영원하길 원했던 불같은 사랑도, 끝이 없을 것만 같던 이별로 인한 상실감과 집착도 시간이 지나고 감정이 무뎌지면, 언제 그랬냐 싶게 시시하게만 느껴집니다. 평생 지워지지 않을 것만 같던 상처도, 어느덧 과거의 일이 되고 나면, 상처가 아물고 시시해집니다. 정말 중요하게 생각했던 시기도, 지나고 보면 긴 인생의 한순간에 불과하기에 더할 나위 없이 시시하게 느껴집니다. 죽을 것만큼이나 힘들었는데, 밥 잘 먹고 별일 없이 살게 되면 그 또한 시시함으로 다가옵니다.

 그래서 시시한 감정은 때로 절실함으로 다가오곤 했습니다. 어서

이 고통의 순간이 지나가기를 바랍니다. 이 순간이 어서 빨리 시시해지기를, 아픔이 조금이라도 퇴색되기를, 낯선 감정이 무뎌지기를, 여전히 마음속에서 계속되고 있는 망나니 칼춤이 끝나기를 바랍니다. 그러다 보면 시시해지는 건 순식간에 이뤄집니다.

한동안 몰두한 글을 끝마치려는 지금, 바로 그런 시시한 감정이 생겨납니다. 글을 쓰며 발견한 문장은 대부분 아리고 애틋하고 따뜻했습니다. 함께 울고 함께 웃었습니다. 눈물짓고 한숨 쉬었습니다. 분노했고, 안타까워했습니다. 무릎을 쳤고, 밑줄을 그었습니다. 책장을 접었고, 메모를 남겼습니다. 곱씹고, 또 곱씹었습니다. 그렇게 1년 여간 문장과 함께 보낸 결과물이 책이 되었습니다.

그동안 써온 제 글을 다시 한번 읽어봅니다. 이제야 알겠습니다. 문장을 탐했던 이유를요. 저는 이미 쓰인 문장을 통해 제 얘기를 하고 싶었던 겁니다. 제가 하고 싶었던 말을 타인의 문장에서 발견했던 거죠. 아니 어쩌면 이승우의 소설 『생(生)의 이면』 속 박부길 씨가 한 말이 더 정확한지도 모르겠습니다.

"어떤 책에서 나는 이 세상에서의 삶을 우리가 빠져나오려고 발버둥 치는 악몽이라고 비유한 글을 읽었다. 제임스 조이스였을까. … 조이스를 읽음으로써 비로소 세상이 악몽임을 깨달은 것이 아니다.

나는 붉은 볼펜으로 줄을 그었다. 그것은, 그를 알기 전부터 이 세상에서의 나의 삶이 바둥거리는 악몽에 다름 아님을 의식하고 있었다는 의미이다. 제임스 조이스를 빌려 내 말을 하고 있는 것이 아니라, 제임스 조이스에게서 내 말을 발견한 것이다. 그가 내 말을 먼저, 대신해 버린 것이다."[*]

누군가의 문장을 발견하고, 그 문장에 밑줄을 긋거나 책장을 접는 건, 그 문장에 공명(共鳴) 했다는 의미입니다. 공명의 이유는 여러 가지일 겁니다. 몰랐던 사실을 깨달아서, 어렴풋하게 보이던 사실이 명확해져서, 평소 생각해오던 것과 같아서.

하지만 그런 이유 때문만은 아닙니다. 특정한 문장에 꽂히는 건 어쩌면 지금, 이 순간, 제가 갈구하는 뭔가를 해갈(解渴) 하는 단초를 발견했기 때문일지도 모릅니다. 해갈을 절실히 원해서였을 수도있고요. 이게 제가 그토록 문장을 탐했던, 제 말을 먼저 해버린 문장에 공명한 이유입니다.

이제 시시해져야 하는 순간이 왔습니다. 다음 '글 걸음'을 위해 탐문에 쏟았던 감정을 놓아줘야 할 때가 왔습니다. 마침내 시시해지는

---

[*] 이승우, 『생(生)의 이면』 (문이당, 1992), 126쪽.

순간을 그토록 원했건만 막상 제 마음을 울린 문장과 헤어지려 하니 아쉽기도 합니다. 그래도 놓아줘야겠지요. 접힌 책장을 펴듯 제 인생의 한 시기를 일단락해야겠지요.

마지막으로 문장과 헤어지기 전 저 역시 시시하고 뻔한 감사의 말을 전합니다. 제 곁에 든든히 머물러준 아내에게, 묵묵히 자기 삶을 살아가는 존경스러운 벗들에게, 지나치지 않고 이 글을 발견해준 누군가에게, 이 글에 공명하는 이름 모를 당신에게, 여전히 읽고 쓰게 해준 제 첫 독자에게, 고맙다는 인사를 전합니다.

당신이 있어 조금 덜 외로웠습니다.
마침내 시시해지는 것 같아 제 마음이 참 좋아집니다.
이제 되었습니다.

> 당신이 있어
> 조금 덜
> 외로웠습니다

아거

『어떤, 문장』

참고문헌

공선옥, 「영란」(문화에디터 뿔, 2010)

곽재구, 「곽재구의 포구기행」(열림원, 2003)

기형도, 〈질투는 나의 힘〉, 〈빈 집〉 「기형도 전집」(문학과지성사, 2009)

김성동, 「만다라」(한국문학사, 1979)

김애란, 〈네모난 자리들〉, 「침이 고인다」(문학과지성사, 2007)

김애란, 「두근두근 내 인생」(창비, 2011)

김애란, 「침이 고인다」(문학과지성사, 2013)

나쓰메 소세키, 송태욱 옮김, 「마음」(현암사, 2016)

마루야마 겐지, 김춘미 옮김, 「봐라 달이 뒤를 쫓는다」(하늘연못, 1996)

마루야마 겐지, 강소영 옮김, 「산 자에게」(바다출판사, 2017)

베른하르트 슐링크, 김재혁 옮김, 「더 리더 : 책 읽어주는 남자」(이레, 2004)

보후밀 흐라발, 이창실 옮김, 「너무 시끄러운 고독」(문학동네, 2016)

빅토르 위고, 정기수 옮김, 「레미제라블 1」(민음사)

빅토르 위고, 정기수 옮김, 「레미제라블 2」(민음사, 2012)

슈테판 츠바이크, 곽복록 옮김, 「어제의 세계」(지식공작소, 2014)

신영복, 「더불어숲2」(중앙M&B, 1998)

아스트리드 린드그렌 글. 롤프 레티시 그림. 햇살과 나무꾼 옮김, 〈삐삐롱스타킹〉(시공사, 2006)

앤드루 포터, 김이선 옮김, 「빛과 물질에 관한 이론」(21세기북스, 2011)

에밀 아자르, 용경식 옮김, 「자기 앞의 生」(문학동네, 2015)

요 네스뵈, 노진선 옮김, 「데빌스 스타」(비채, 2015)

욘 A. 린드크비스트, 최세희 옮김, 「렛미인 1」(문학동네, 2010)

윤대녕, 〈작가의 말〉, 「그녀에게 얘기해주고 싶은 것들」(문학동네, 2001)

윤대녕, 〈상춘곡〉, 「많은 별들이 한곳으로 흘러갔다」(생각의 나무, 2005)

은희경, 「소년을 위로해줘」(문학동네, 2010)

이균영, 〈어두운 기억의 저편〉, 「우리시대 우리작가 25 이균영」(동아출판사, 1996)

이면우, 〈생의 북쪽〉, 「아무도 울지 않는 밤은 없다」(창비, 2016)

이성복, 「무한화서」(문학과지성사, 2015),

이승우, 「생(生)의 이면」(문이당, 1992)

임철우, 〈사평역〉, 「이상문학상 수상작가 대표작품선 : 임철우」(문학사상사, 1989)

정유정, 「7년의 밤」(은행나무, 2011)

조남주, 「82년생 김지영」(민음사, 2016)

최규석, 〈남들 다 하는 것〉, 「습지생태보고서」(거북이북스, 2005)

최영미, 「흉터와 무늬」(랜덤하우스 중앙, 2005)

켄트 하루프, 김재성 옮김, 「밤에 우리 영혼은」(뮤진트리, 2017)

할레드 호세이니, 이미선 옮김, 「연을 쫓는 아이」(열림원, 2008)

황현산, 「밤이 선생이다」(문학동네, 2013)

khara.GAINAX, 그림 Yoshiyuki Sadamotl, 「신세리 에반게리온 3. 하얀 상처」(대원씨아이, 1997)

어떤, 문장

초판　1쇄 발행 2019년 12월 2일
개정판 1쇄 발행 2025년 5월 13일

지은이　　　아거

펴낸곳 공출판사 | 편집 공가희 | 캘리그라피 박해옥
출판등록 2018년 8월 31일(제2018-000019호) | 주소 충남 당진시 면천면 동문1길 8-1
전화 070-8064-0689 | 팩스 0303-3444-7008 | 전자우편 thekongs@naver.com
홈페이지 kongbooks.com | 인스타그램 @kong_books

ISBN 979-11-91169-22-5   03810

* 책값은 뒤표지에 있습니다.
* 파손된 책은 구입한 서점에서 교환해 드립니다.